家国里的周易

六十四卦会意汇解

高济 著

中医古籍出版社
Publishing House of Ancient Chinese Medical Books

图书在版编目（CIP）数据

家国里的周易：六十四卦会意汇解 / 高济著 .-- 北京 : 中医古籍出版社 , 2022.11

ISBN 978-7-5152-2495-4

Ⅰ . ①家… Ⅱ . ①高… Ⅲ . ①《周易》－研究Ⅳ . ① B221.5

中国版本图书馆 CIP 数据核字 (2022) 第 126387 号

家国里的周易：六十四卦会意汇解

高济　著

整　　理　董丽英

策划编辑　李　淳

责任编辑　刘　婷

绘　　画　瑶　一

装帧设计　义　慧

出版发行　中医古籍出版社

社　　址　北京东城区东直门内南小街 16 号（100700）

电　　话　010—64089446（总编室）　010—64002949（发行部）

网　　址　www.zhongyiguji.com.cn

印　　刷　艺堂印刷（天津）有限公司

开　　本　710mm × 1000mm　1/16

印　　张　18.25

字　　数　200 千字

版　　次　2022 年 11 月第 1 版　2022 年 11 月第 1 次印刷

书　　号　ISBN 978-7-5152-2495-4

定　　价　80.00 元

自　序

汉字和《周易》里隐藏着一个大秘密，那就是会意。会意是一种特殊的思维，它不同于演绎、归纳和类比，倒是有些类似于禅宗的参禅悟道。自从有了汉字和《周易》，我们中国人就一直在应用这种参悟。这种参悟更像是一种思维训练，其价值大到怎么推崇都不为过。这种训练不仅开拓了人们的视野，还开发了人们的大脑，引发人们的慧思，启迪人们的创造，是一把开启人脑智库的金钥匙。

基于这种考虑，我尝试着用会意来解读《周易》。用会意参研《周易》，用会意研习古文，这一直是几千年来我们中国人的一个良好传统。只是因为之前一场白话运动把这一传统给打断了，使得现代人一下子失去了这把金钥匙。现代人看《周易》之类的古文那都是头大如斗，望文生叹，眼巴巴地瞅着老祖宗数千年传承下来的文化宝库，愣是打不开、进不去，就像是一帮守着无穷的宝藏却靠乞讨度日的可怜流浪汉，只得捡拾一些西方人丢弃的垃圾、残羹冷炙，勉强地活着，甚为可惜。所以我写这本《家国里的周易——六十四卦会意汇解》，就是希望大家通过此书，能够认识到会意思维的重要性，最终使国人重视会意思维。

会意出自六书，那么会意到底是什么？过去的读书人对会意可说是熟悉得不能再熟悉了，但却很少有人去追究这个问题。用禅宗的观点来看会意，会意就是参悟，比如把两幅图搁在一起，细细参究，悟出其中的道理。例如，"明"这个字，左边是太阳，右边是月亮，日月一东一西、一出一落，给世间、给白天和夜晚带来光明。再比如"易"这个字，上日下月，意思是太阳和月亮上下交替地不停运转，日月运转诞生了年、月、日、时，诞生了四季交替、昼夜更迭，诞生了寒暑往来、明暗交替，所以"易"就是时间和变化，参透了"易"字就等于参悟了《易经》，《易经》无非就是一部研究变化规律的书。其次，人们顺应昼夜明暗的变化，日出而作、日落而息；顺应季节寒暖的变化，春耕、夏长、秋收、冬藏，所以《易经》还告诉人们要顺应天时来调整日常作息，应天而动，与天合德、顺天者昌。

不光是《易经》之名，解读六十四卦也少不了会意的参与。以渐卦为例，有这么几幅画，缓慢流淌的渐江（新安江的古名），南北迁徙的鸿雁，嫁进男方的女子，山上种植的树木，贤人居住的乡里，乍一看这几幅画似乎各不相干，但是如果仔细一琢磨、一参究，就会体悟到一个共同点，那就是渐。江水缓慢地流淌，鸿雁迁徙中渐渐接近目标，女子逐渐适应新的家庭，树木扎根山石缓慢生长，贤人用自己的德行慢慢改变着乡俗。

这就是会意，就是参，就是悟，就是禅。达摩的禅宗之所以能够在我们中国流行，是因为它与会意的传统习惯有着不可分割的关系。

最早注解《易经》的人是孔子，孔子从十个方面解读《易经》，这就是著名的《十翼》，《易经》配上《十翼》就形成了《周易》，所以《周易》就是《易经》再加上孔子的注解。

三十年前，我的易学师父孙老师指点我说："学《周易》只有一条路比较靠谱，那就是卜卦。"此后我花了三十年的时间，一边卜卦，一边学习，一卦一卦地参究，一爻一爻地揣摩，一点一滴地积累，从一开始对《周易》的一无所知，到后来的一知半解，再到现在的较为全面的了解。这次写作仅限于六十四卦，至于卦中的六爻不做展开阐述。我把每一卦的卦名、卦辞和孔子注解的卦彖、卦象汇总在一起，加以融会贯通，梳理出其间的逻辑关系，找出内在的中心思想，然后一一注解。将卦名、卦辞、卦彖、卦象汇总在一起注解，动机有二：一是这样注解有条理、有中心思想，较为符合现在人的思维习惯，容易理解；二是尽可能地贴近孔子的原意，体味孔子的所思所想。

六十四卦就是六十四个哲学观念，就是六十四种人生际遇。我们一生中遇到的事情虽有成千上万、多姿多彩，但是归纳起来不外乎这六十四种。以上就是我写这本书的初衷。

高　济

2022年暮春

目　录

乾、坤

——天地生育万物的功能

“乾”字由倝（gàn）与乙会意，倝是太阳初生时喷薄而出的金色光辉，乙是草木萌生时弯曲的样子。所以“乾”字的本义是：在日月星光的沐浴下，草木得以生长发育，生生不息。在“乾”字的基础上，再进一步抽象提升，把日月星光引申为上天的功能，把草木扩展为万物，乾卦就变成了上天生育万物的那个功能。那个功能在乾卦的爻辞中被比作龙，例如潜龙勿用、见龙在田、或跃在渊、飞龙在天、亢龙有悔。

再看“坤”字，右边的“申”字本意为雷电，但在此处则表示草木萌生时伸展的样子，左边是土壤。所以“坤”字的本义是：土壤中的养分源源不断地输送给草木，草木得以生长发育，生生不息。所以，坤卦就表示大地生育万物的那个功能。那个功能在坤卦中被比作牝马、气囊。

乾坤的功能到底是什么？远在天边，近在眼前，就是我们体内的神和炁（qì）。

神就是我们的起心动念，我们的心念像龙一样来无影去无踪，神龙见首不见尾。当一念未生时是“潜龙勿用”，当一念初生时是“现龙在田”，当心念显现时是“飞龙在天”，当一念消失时是“亢龙有悔”，君子的修行无非是在自己的心念上下功夫，所以“君子终日乾乾，夕惕若厉”，君子按下自己的坏念头叫“在渊”，君子延续自己的好念头叫“或跃”。

牝马也是比喻，比喻我们体内的炁像母马一样的顺从而且奔腾不息。炁自己做不了主，是神的附庸臣子，所以“或从王事，无成有终”，人体就像一个上下扎口的气布袋，所以叫“括囊”。

那么为什么天地的功能是我们的神和炁呢？这是因为人的身体就是一个小天地，是天地的缩影，天地所有的东西在人的身体里都可以一一对应地找到，天地所有的功能在人的身体里都可以一一对应地呈现。这就是天人合一的理论基础，是传统文化中最为精髓的部分。

乾

——元、亨、利、贞

“乾，元、亨、利、贞。”乾是上天生育万物的功能，这个功能分四个方面，分别是“元”“亨”“利”“贞”。“元”“亨”“利”“贞”也叫乾卦四德。

“大哉乾元，万物资始乃统天。”“元”是大，大到什么程度呢？地球和万物都是上天生出来的。“元”也是始，是万物初生的那一刻，例如人们习惯上把一年的头一天称之为“元”旦。这一句是解释“元”，“元”是初始。

“云行雨施，品物流形。”天生万物的过程虽然看不到，但却可以通过自然现象进行感知和了解。例如，天上行云布雨，地上的万物得到雨水滋润，种子开始发芽，草木开始生长，万物因此得以繁衍生息。与此同时，上天还赋予万物各式各样的品类和形貌。这一句解释“亨”，“亨”是亨通。

“大明终始，六位时成，时乘六龙以御天。”有始就有终，始终就是“时”间，那么“时”间从哪里来呢？从天体的运行中来，从日、月的旋转中来。“大明”就是日、月。“大明始终”就是日出日落、月朔月望，周而复始地不停运转。“六位时成”，“六位”就是乾卦的六爻，《周易》把从开始到结束的过程进一步划分成六个阶段，然后再配上六条龙，初爻是酝酿阶段叫潜龙，二爻是出现阶段叫现龙，三爻是进行阶段叫键龙，四爻是发展阶段叫跃龙，五爻是高潮阶段叫飞龙，六爻是结束阶段叫亢龙。这一句进一步解释“元”。

“乾道变化，各正性命。”“变”与“化”是有区别的，“变”是逐渐地改，是渐变，“化”是根本地改，是质变或者蜕变。天道以渐变和质变这两种形式左右万物。“性命”就是身心，“性”是心理，“命”是生理。我们的心理和生理时刻受到天体的影响，像日出而作、日落而息、女子的月经等等。这一句是进一步阐述“亨”，解释“品物流形”。

“保合太和，乃利、贞。”有了形体的生命和万物，不仅时刻受到天体的影响，相互之间还在交流互动，相互影响，这种影响分为“合”与“和”两种。例如，我们与食物的关系是“和”，食物经过消化吸收融入我们的身体里，与我们不分彼此，这是“和”。我们与阳光的关系是“合”，阳光照在我们身上，给我们带来温暖，阳光与我们的身体各自有各自的边界，这是“合”。万物之间通过“和”与“合”，相互依存相互支撑，给生命带来“利”益，给身心带来“贞”固。另外，当我们进入睡眠或禅定时，我们的生命就与天地相连通，得到天地能量的补给，所以一觉醒来，我们感觉精力弥漫，这也是“保合太和”，因为就在那一瞬间我们的生命与天地相和合了。这一句是解释“利、贞”，“利”是利益，“贞”是贞固。

“首出庶物，万国咸宁。”这一句说的是一国之君，因为国君是“庶”民的“首”领，拿国君来配天，国君就是一国之天。出现了一位像天一样的仁慈国君，国家哪里有不安宁的道理。当然，缩小规模，这个

“首”也可以是公司单位的领导，也可以是一家之长。

“天行健，君子以自强不息。”人与万物都需要休息，唯有天除外，天体一刻不停地运转，从来就没有休息过，这便是“天行健”。既然君子是一国之天、一邑之主，那么他理应像天一样刚健，自强不息。

注意“君子”“后”“王”这三个词。在商周时期，有自己封地的叫君子，像大夫、公卿、诸侯、天子，这些人都有自己的封地，都是自己封邑的首领，都属于君子。“后”本义是指远古时代的君主或诸侯。“王”专指天子。

“元者，善之长也。亨者，嘉之会也。利者，义之和也。贞者，事之乾也。君子体仁足以长人，嘉会足以合礼，利物足以和义，贞固足以乾事。君子行此四德者，故曰乾，元、亨、利、贞。”这一句将乾卦四德与四季、五常相搭配，乾卦的元、亨、利、贞搭配四季的春、夏、秋、冬，搭配五常的仁、礼、义、智。春季诞生万物，夏季亨通万物，秋季利益万物，冬季贞固万物。仁配春，礼配夏，义配秋，智配冬。

“乾元者，始而亨者也。利贞者，性情也。乾始能以美利利天下，不言所利，大矣哉。”这一句是对“乾，元、亨、利、贞”的总结，天生万物，利益天下，至善至美，至大至刚，自始至终。

坤

——元、亨利牝马之贞。君子有攸往，先迷后得主。利西南得朋，东北丧朋。安贞吉

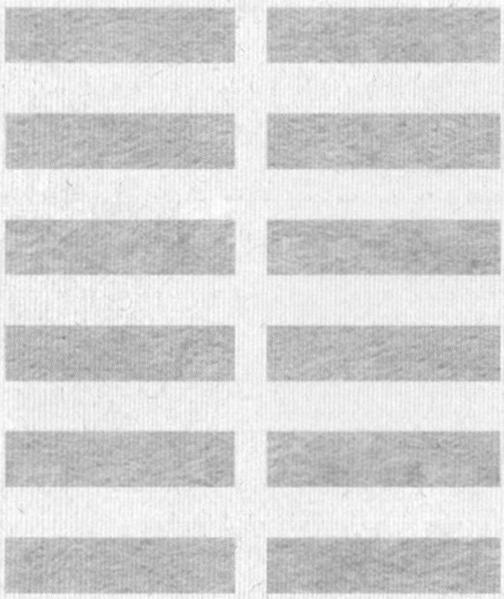

地配合天，生养万物。

“至哉坤元，万物资生，乃顺承天。”“元”在乾卦是大和始，在坤卦是至和生。“至”是至极，虽然地的体量没有天大，但却远超万物，故称其为“至”。“生”是生育，大地是万物之母，生育万物，其功能来自天，所以叫“乃顺承天”。这一句解释“元”。

“坤厚载物，德合无疆。含弘光大，品物咸亨。”上一句是生万物，这一句是养万物。大地将万物揽在怀里，承载着万物，宽广的胸怀与天合德，广大无边。大地含辛茹苦的哺育着万物温暖着万物，令万物亨通健壮。这一句解释“亨”。

“牝马地类，行地无疆，柔顺利贞。”坤卦的脾性与母马相类似，母马顺从于公马，大地顺从于上天。“行地无疆”，母马奔腾不息地驰骋着，无远弗届。所谓“柔顺利贞”，柔顺贞静是母马的品性。这一句解释“利牝马之贞”。

“君子攸行，先迷失道，后顺得常。”地顺从于天，自己做不了主，如果强行做主必然会迷失自我，直至遇到主人，追随主人，才算是回归正常。这一句解释“君子有攸往，先迷后得主”。

“西南得朋，乃与类行。东北丧朋，乃终有庆。”“西南”是阴卦方，

“东北”是阳卦方。去西南遇到的都是自己的同类，依然处于无主的状态，去西北虽然丧失了同类，但却遇到主人，遇到依附的对象，这是一件值得庆祝的事，这一句解释“利西南得朋，东北丧朋”。

“安贞之吉，应地无疆。”“安”是安静，“贞”是贞固。安静贞固才是大地的本色。换句话说，如果大地不安静，常常发生地震，上下颠簸左右摇晃，也就无法贞固了，万物因此惶恐不安，难以生存。所以只有大地安定贞固，万物才能吉利，生命才能延续无疆，这一句解释“安贞吉”。

“地势坤，君子以厚德载物。”大地承载万物。天子、诸侯、公卿、大夫这些个君子应该效法大地，善待自己封邑的人民，承担起养护的责任。

“坤，至柔而动也刚，至静而德方。后得主而有常，含万物而化光。坤道其顺乎，承天而时行。”这一句是归纳总结。大地虽然至柔，但动起来却是至刚至强；大地虽然至静，但却牢不可破，没有什么力量能够撼动得了。大地没有自己的主张，跟随上天夫唱妇随。大地生养万物，化育万物，给万物以温暖。大地的顺从体现在四时，应承于上天，春生、夏长、秋敛、冬藏。

屯

——新生

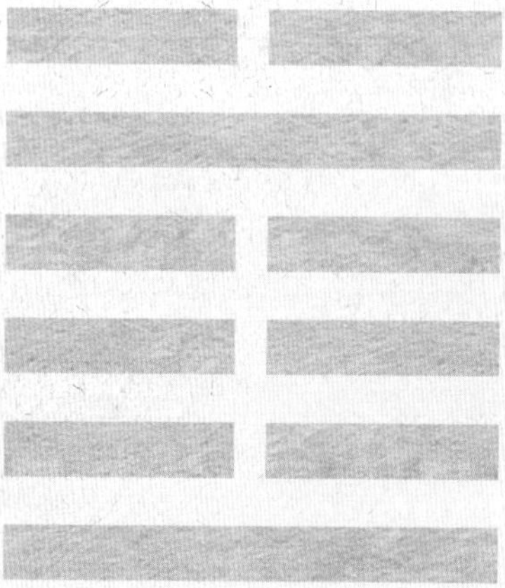

屯字的画像是一株破土而出的嫩芽，再配上云和雷，便勾勒出这么一幅画面——雷声奏响了春的序曲，丰沛的雨水滋润着大地，小草悄悄地给世间涂抹了一层新绿。草木萌发是屯卦的本义，引申为一切新生的事物。

从乾、坤、屯三个字前后接续的顺序来看，乾是天光，坤是土壤，屯是五谷的幼苗，也就是禾苗，禾苗上承天光的照耀，下袭土壤的滋养，因而得以生长发育。那么为何要把屯卦与禾苗扯在一起呢？这是因为从神农氏起我们就进入了农耕时代，我们的文化里布满了与农耕有关的知识，像二十四节气里的谷雨、小满、芒种等等，所以把屯当作禾苗来解释，可能更贴近《易经》作者的想法。既然屯是禾苗，那么乾字里的乙与坤字里的申，也就可以理所当然地理解为农作物，乾卦的元、亨、利、贞也就可以理所当然地理解为农作物的春耕、夏耘、秋收、冬藏了。

“屯，刚柔始交而难生。”这一句是从刚柔的角度诠释屯卦。刚柔就是前面的乾坤二卦，乾是纯刚之卦，坤是纯柔之卦，刚柔相交产生新的事物，与此同时，危难也相伴而来。“难生”，表明所有的新生命、所有的新生事物，无一例外都面临着重重的危险和考验，稍有不慎就会夭折，所以屯卦还含有身处险境、不得安宁的意思。

“动乎险中，大亨贞。”新生与危难总是相伴相随的，在危险中前行，在危险中成长。尽管困难重重，片刻不得安宁，但毕竟是初生事物，前景注定远大，未来注定辉煌，所以亨通利贞，具备了乾卦元、亨、利、贞的四种品德。

“雷雨之动满盈，天造草昧。”天地初交于春季之始，这时，雷和雨盈满世间，万物蒙润而滋长，草创蒙昧，处处弥漫着天地的造化之功。

“宜建侯而不宁。”屯卦体现在人事上，就是一个全新时代的到来，各路诸侯风起云涌，急着忙着建立各自的根据地，乱乱糟糟不得安宁。

“云雷屯，君子以经纶。”危难不宁，正是君子建功立业，开国承家，大有作为之际。“经纶”，经纶天下，安邦定国。

屯卦是创始之卦，建国之卦。

蒙

——蒙昧、启蒙与蒙蔽

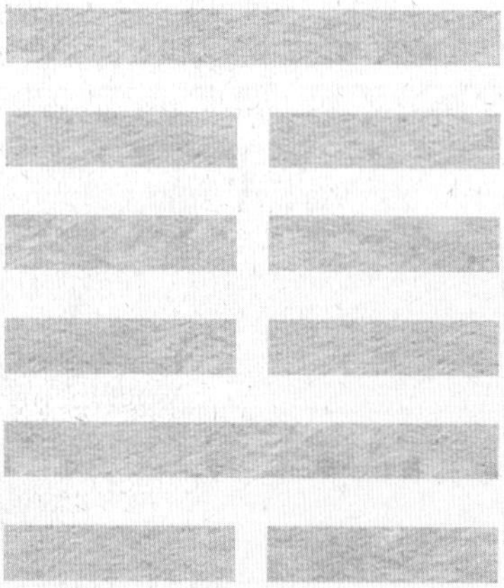

蒙卦，山、水、蒙，山是崇山峻岭，水是泉渊江河，蒙是森林草原，三幅图连在一起便为我们展现出了一幅波澜壮阔的江山美景——云雾笼罩着高山，露水从叶子上滑落，点点滴滴渗入岩石的缝隙，于山下形成溪流泉水，溪流婉转流淌进江河，江河滋润着四周的沃野。茂密的森林和广袤的原野这就是蒙卦的本义，那么，为什么蒙卦被当作蒙昧无知讲呢？这就要回到那个蒙昧的年代了，那时的农业刚刚起步，对当时的人们来说，茂密的森林和肥沃的草原不过是些不能生产粮食的荒地，所以面对森林和草原时，人们最先想到的是开荒，用火焚烧，将森林草原改造成农田，这大概就是蒙昧意思的由来吧。与此相类似，儿童就像是未经开垦的荒地，儿童教育就如同开荒和种地，所以就有了启蒙一说，蒙卦的卦辞和爻辞也都是紧扣这个主题，“包蒙”是教育学童的常规办法，“击蒙”是激励学童的非常手段，“利用刑人”是用戒尺震慑学童，“君子以果行育德”表明教育的根本在于为人师表而不在说教。

“蒙，山下有险，险而止，蒙。”山下有险情，预见到了危险马上停止。天下最大的危险莫过于人心，而人的世界观又是在童年时期形成的，所以普及启蒙教育是规避危险的最佳办法。

“蒙，亨，以亨行时中也。”孩童时期的启蒙教育是万万不能错过的，经过启蒙，孩童的智慧打开，性格成型，所以亨通。如果错过这个时间段，等到成年了再去教育，就什么都晚了。

“匪我求童蒙，童蒙求我，志应也。”这个“我”是启蒙老师。开智慧离不开老师，离不开老师的悉心传授和解惑释疑。有了老师，还需要学生自身不懈的努力，诚心诚意地向老师请教，而不是倒过来，老师上赶着恳请学生学习。尊师才能重道，诚心诚意才能与老师相互感应，才能与老师心意相通。

“初筮告，以刚中也。再三渎，渎则不告，渎蒙也。”学习要专心，要领会于心，如果学习不认真，一个问题问了又问，不用心学，就等于是亵渎，亵渎了教育，亵渎了老师，也亵渎自己，对于这样的学生，老师可以选择舍弃不管。

“蒙以养正，圣功也。”这句话非常了不起！教育的目的是什么？是一张文凭？是知识技能，还是升官发财？不妨瞧瞧孔子是怎么说的。孔子云：“养正，圣功也。”“养正”是指存养自身的浩然正气，“圣功”是指功德圆满成圣成贤。所以读书志在圣贤，这是几千年流传下来的教育心法。

“山下出泉，蒙。君子以果行育德。”成了圣贤后，还要“果行育德”，积极地出仕入世，教育大众，利益大众，就像山下的泉水流进江河，滋润着田野，养育了万物。

蒙卦是启蒙之卦，也作蒙蔽和隐瞒讲。

需

——等待与需要

需字的金文画面，有两种解释。

第一种解释，当作人字讲时，表示这个人遇到了雨，躲起来避雨等待雨停，所以需的意思是等待。另外，需卦上坎下乾，坎是危险，乾是刚健，意思是遇到危险无所畏惧，再与等待会意，便形成了这样一幅画面——面对着危险迎难而上，经过长时间地坚持不懈，最终脱离危险。所以，等待和积极面对是需卦的第一种解释。

第二种解释，当而作胡须讲时，需卦表示需要。在古代，胡须代表着男人的门面，意义非同一般，是一个大男人不可缺少的东西，所以而字的本义是胡须，引申义是必须。“云在天上，需”，由天上的云和男人的胡须，又构成了这样一幅画面——修长的胡须是装点男人体面的必需品，来自云朵的雨水是人类生产生活的必需品，所以，需卦在这里作为需要讲。人类不仅需要美颜和雨水，还需要穿衣、吃饭、住宿、出行，还需要宴会、饮食、音乐、歌舞……所以孔子进一步地发挥说：“云上于天，需，君子以饮食宴乐。”

另外，农作物的生长离不开雨水，需字里有个雨字，有这么一种说法，需是人类祈雨的仪式，人们仰首向天，祈求上苍早日降下甘霖。农作物的生长过程充满了各种不可预知的危险因素，久旱不雨只是其一，其他像雨多而涝、冰雹霜冻、蝗虫来袭、各种病虫害等，不一而足，都含有危险在前、迎难而上的意思，人们不能因为有了这些危险而放弃了农事。春种秋收，从播种到耕耘，再到收获需要经历一个无比漫长的过程，人们一定要耐心地等待，等待金秋的稻谷飘香，等待仓廪的满满收获。

“需，须也，险在前也。刚健而不陷，其义不困穷矣。”需是等待，为何要等待？因为前面出现了危险。然而，这个等待可不是消极被动的，而是勇敢面对，积极克服，不被危险构陷，不被危险困住。

“需，有孚，光，亨，贞，吉。”“吉”是出离危险。若想出离危险，需要具备四个条件：第一是“有孚”，要有信心，对自己有信心，对身边的人有信心，对团队有信心，相信通过努力一定能够克服眼前的困难。第二是“光”，要乐观，对未来充满着希望，相信前面一定是光明的。第三是“亨”，要懂得变通，该忍则忍，该退则退，刚健并不意味着鲁莽蛮干，要懂得审时度势，量力而为。第四是“贞”，当危险出现时，坚贞不屈，绝不动摇，不被危险吓倒。

“位乎天位，以正中也。”既然是危险，光靠个人的力量怎么成呢？尤其当危险出自团队、出自国家，要攻克这一类的危险，就必须拥有一位刚强正直的领导，带领团队领导国家度过险关。

“利涉大川，往有功也。”涉大川就是涉险关。渡过了险关就是大功一件，然后开个庆功大会，会后举办个庆功宴，“君子以饮食宴乐”。

需卦可以说是我国古代最早最原始的经济学，因为需求是经济的第一要素，农业生产又是经济的基础。

讼

——争讼

先说说“讼”这个字，讼是争讼打官司。“讼”的右边是个“公”字，又可以拆成“八”字和厶（sī）字。关于“厶”的意思，一种说法是鼻子的侧面，一种说法是曲臂，但是不管哪种说法，厶都表示为自己做事。至于“公”字，“八”表示相反，不为自己做事当然就是公事了。所以“讼”字右边的“公”代表公平公正的法官，左边的“言”代表相互辩论的原告与被告。

人类为什么会有竞争？还不是为了满足自己的欲望和争取自己的利益，为此不辞辛劳地百般付出。因为得不到、被人侵犯，所以怒而争讼。欲望是什么？欲望其实就是需卦，就是人们的各种需要和诉求。人们的这些需要、诉求一旦与别人发生矛盾，就会生出纠纷，以至于怄气打官司。

“讼，上刚下险，险而健，讼。”遇到危险后与对方硬扛。如何硬扛呢？就是“险而健”，内揣着阴险想法，外表争得面红耳赤寸步不让，这便是争讼。

“讼，有孚，窒，惕，中，吉。刚来而得中也。”“吉”是争讼获得了好的结果。打官司要想取得好结果，需要注意四点：第一点要占理，“有孚”是对自己有信心，相信自己占理。第二点是“窒”塞，也就是想方设法终止这场官司，赢官司不是目的，目的是如何解开彼此间的疙瘩，从源头上解决问题。第三点是“惕”，要知道害怕，因为过度竞争会引发流血冲突，甚至战争，例如两个浣纱女偶尔的拌嘴导致了一场吴越大战就是最好的说明，所以有的人尽管打赢了官司，结果却很惨。第四点是要“中”，最好在中途就把疙瘩解开，把双方的矛盾解决掉。这四点都做到了，结果必然是好的。相反，自己不怎么占理，还一味地争强好胜、不依不饶，撕破脸把事做绝，不赢官司誓不罢休，那么就很难有好结果了。“中”可以有两种解释，一种是中途，中途就把争讼解决；一种是中间调解员，“刚来而得中也”说的就是这位优秀的调解员，也就是讼卦的九二爻。在过去，一些有名望的士绅或者德高望重的族长往往充当着调解员的作用，有些佼佼者甚至三言两语便把双方的矛盾给化解了，把愤怒的情绪给平息了。所以，在过去一有矛盾，首先要找人从中调解，实在调解不动了，才去衙门告状。

“终凶，讼不可成也。”古人认为，即使打赢了官司，也没有从根本上解决问题，反而会令双方的怨结越结越深，并为将来深埋祸根，所以即使官司打赢了也是件凶事。中国是一个人情社会，人们不愿打官司，不喜欢打官司，为的是不想把彼此的关系彻底闹僵。西方人喜欢打官司，动不动就诉诸法律，这与西方的文化传统有关。

“利见大人，尚中正也。”士绅或族长出了面也没能调解成功，这种情况就只有去衙门，“利见大人”，诉诸法官了，让代表中正公平的法官来最终结案。这个法官就是讼卦“尚中正”的九五爻。

“不利涉大川，入于渊也。”如果想借着打官司进一步激化矛盾，引发冲突或战事，那就很危险了，会将很多人拖入无底的深渊。

“天与水违行，讼。”最后看看天、水、讼，又构成怎样一幅画面？天上的星辰自东向西运行，地表的河流从西往东流淌，彼此的方向刚好相反，这与原告与被告的意见相左有些类似。

“君子以作事谋始。”飓风起于飘萍之末，争讼的起因大多是一些无关痛痒的琐屑小事，甚至是误会，所以，当我们做事时，只要发现双方之间出现了些微摩擦就需要留意，最好提前解决掉，不要等到变成矛盾，更不要等到矛盾激化，要将矛盾消灭于萌芽状态，这就是“作事谋始”。

讼卦是打官司，噬嗑卦是刑罚，这两个卦合在一起就是古代的司法。

国有三件大事，首先是教育，对应着蒙卦；其次是经济，物质基础，人们生产生活的日常需要，对应的是需卦；最后是调节矛盾，化解人们的纠纷，对应着讼卦。

师

——聚众打仗

争讼调解无果，矛盾彻底激化，就有可能引发战争，所以讼卦之后紧接着是师卦。

先看“师”字，可从“师”字的繁体字“師”分析，“師”由𠂤（duī）与“帀”（zā）会意。𠂤是小土堆，帀是包围，两者会意表示众多。另外，按照商周时的军事编制，一个师有两千五百人，所以师也代表军队。

“师，贞，丈人。”人越多越难以指挥调度，越容易出现混乱。要做到整齐划一令行禁止，非得有一个威严持重的将领不可。“丈人”就是威严持重的将领。

“吉，无咎。”将帅领兵作战，不取胜就获罪，“吉”是打胜仗，胜了才没有过错。

“师，众也。贞，正也。能以众正，可以王矣。”只有纪律严明的丈人做将领，才能导众以正，训练出一只服从命令、听指挥的军队，打造出一只战无不胜、攻无不克的王者之师。

“刚中而应。行险而顺。以此毒天下，而民从之。吉，又何咎矣。”战无不胜的王者之师，须具备以下三个条件：第一是“刚中而应”。将领必须得到君主的无条件信任，握有绝对的军事指挥权，所谓的“将在外，君命有所不受”，绝不可以有监军之类的在旁掣肘；第二是“行险而顺”。用兵的法则是诡道，也就是欺骗敌人，内行阴险之事实，外示顺从之假象，用假象欺骗和麻痹敌人，令敌人上当，以达到出其不意攻其不备的效果；第三是“以此毒天下，而民从之”。打仗是一件耗尽民财、杀伤民命的凶事，是荼毒天下的恶事，如何让这件凶恶事获得民众的认可和支持，让民众心甘情愿地出钱出力，让民众争先恐后地送子卖命，才是决定胜负的关键。换句话说，得民心才能得天下。具备了以上三个条件，取胜易如反掌，所以，“吉，又何咎矣”。

“地中有水，师，君子以容民蓄众。”地喻民众，水喻军队，在那个年代，军民是不分家的，平时民众散在地里抡起锄头种地，等到战事一起，将民众从四面八方召集起来，编成军队，扛起刀枪奔赴战场。所以，“地中有水，容民蓄众”点出了兵众的来源，全民皆兵是那个时代的特点。

师卦代表军事。

比

——亲近，辅佐

一场战争过后，旧的国家旧的势力被削弱或消灭，新的国家新的势力开始建立和崛起，新天子论功行赏，分封有功之臣，分封血脉姻亲，所以师卦之后是比卦。

“比”字就像是两个肩并肩行走的人，一种意思是相互比较，一种意思是表示亲近的关系，此处作亲近讲。

“地上有水，比。”地上流淌着河流，河流与大地亲密无间，也是“比”。

“先王以建万国，亲诸侯。”天下初定，天子分割土地封赏诸侯，赐予诸侯爵位以表友好，“万国”指万千的诸侯之国。

“比，吉也。比，辅也，下顺从也。”亲近是一件吉利的事情。诸侯亲近天子叫作亲辅，各路诸侯前来归顺天子，辅佐天子。

“原筮，元永贞，无咎。以刚中也。”“刚中”是九五爻的天子，“原筮”是原始的初心，这句话的意思是不要忘了初心。天子打天下的初心是什么？是安定天下，是拯救黎民，这个初心一定要永远地保持下去，这样才不会出问题，才不会丢掉民心，才能够长治久安。相反，天子如果失去了初心，耀武扬威，自鸣得意，就会出错，就会失去民心，无法长久下去。

“不宁方来，上下应也。”天子扫平宇内，一统天下，那些原本观望的诸侯纷纷表示归顺，那些原本反对的诸侯也都改了主意，主动向天子献上自己的诚意。

“后夫凶，其道穷也。”至于个别顽固不化不服气不顺从的诸侯，才会被天子派大军镇压荡平。

比是平定天下、分封诸侯、万国来朝之卦。

小畜

——准备阶段

战争过后满目疮痍，人口凋零，农田荒芜，这时候最需要的就是统治者清静无为，与民生息，在这一点上汉初就做得比较好，秦朝就背道而驰。秦始皇在平定六国统一天下后，不但没有安抚饱受战争之苦的百姓，反而变本加厉地筑长城、建宫室，发兵开拓疆域，劳役赋税可说是满天飞，民众不堪其苦，忍无可忍，这才揭竿而起，推翻暴秦。假如秦始皇当初不那么急功近利、好大喜功，清静无为与民生息，采取小畜卦的策略，阴柔隐忍，不着急作为，历史兴许就会重写。所以比卦之后是小畜卦，一个讲究休养生息、蓄积无为之卦。

畜字的读音为 xù，由玄、田会意，玄是丝线可以织成衣物，田是耕地能够出产粮食，衣物和粮食是人类安身立命的根本，平时就需要有一定的储备，以应付战时或灾年，所以畜字的本义为储蓄。其次，当粮食有了大量剩余，人们还可以进一步酿酒、酿醋，蓄养家禽家畜。到了这时，畜就读作 chù 了，意思是畜生，畜生的畜是蓄养的意思。总之，小畜的含义是小有储蓄。

“密云不雨，尚往也。自我西郊，施未行也。”古人认为下雨是由于阴阳二气的相遇，这与现在的气象学相吻合。阴阳二气也就是气象学里的冷空气和热空气。《易经》作者认为，乾卦就像是一股阳气，这股阳热温暖之气处于下面，需要往上升；巽卦就像是一股阴气，这股子寒冷之气居于上方，需要向下降。一冷一热，一升一降，两者在途中相遇，如同冷热空气相撞，形成了密厚的云层，又由于巽卦的阴气不足，冷空气太弱，未能阻止住乾卦阳气的脚步，热空气穿过冷空气跑掉了，因此也就无法形成降雨，因此就有了"密云不雨"一说。这是从气象学的角度分析小畜卦，意思是微弱的畜止。畜止就是管控，以阴柔管控阳刚，以冷空气管控热空气，以臣下管控君上，以妻妾管控丈夫，以弱小管控强大，所以叫小畜。

"风行天上，小畜，君子以懿文德。"古人认为风对万物有着强大的影响力，春风能够给万物带来生机，秋风只会令万物萧索，风对万物有着生杀予夺的权力。然而，小畜卦的风漂浮在九天之上，未能波及万物，没有给万物造成影响，所以叫作小畜。换句话说，小畜就是时机还未到来，还处在准备阶段。就君子而言，在校学习是小畜，学习诗书礼乐、练习射御书数是"懿文德"，因为还没有毕业，未能出仕入世，为官一方，造福人群。

小畜，小有储蓄，以小控大，准备阶段。

履

——礼仪从走路学起

新王朝建立后，除了安息民众恢复国力，还有一件很重要的事，那就是制度建设，划分上下的等级，这便是履卦。

履卦的整体形状像是一只鞋子。另外，三爻为阴，二爻为阳，阴在阳上，如同小人践踏君子，或是妻子凌驾丈夫，所以取名履，所以履卦还含有踩踏、欺凌的意思。履卦上天下泽，代表着尊卑有序的礼制，尊贵者高高在上，卑微者毫无尊严，这种制度就像是踩着老虎的尾巴，随时有被老虎吃掉的危险。

“履，柔履刚也，说而应乎乾，是以履虎尾，不咥人，亨。”一只脚踩在老虎尾巴上了，如何才能不被老虎吃掉呢？这就需要上位者注意以下两点：一是要“柔”，对下面尽量颁布柔和的政策，不可过刚，例如休养生息、减轻赋税等；二是要“悦”，做一些令下面欢喜的事，例如赈济灾民、打击犯罪、灭除黑恶势力、惩处贪污腐败等。做到了这两点，就不会出什么岔子了，不用担心被老虎吃掉。

“刚中正，履帝位而不疚，光明也。”一个国家的首脑，必须清醒地意识到自己的处境有多么危险，明白水能载舟、亦能覆舟的道理，看清了自己的处境，才不敢轻易地犯险，做出令自己愧疚终生、后悔莫及的事，如此国家才会光明。

“上天下泽，履。君子以辩上下，定民志。”天最高，泽最低。拿最高的天比喻士大夫、诸侯、天子等贵族，拿最低的泽比喻农民、商人、手工艺者等黎民，这便是过去的礼制，贵贱悬殊等级森严，就像是天与泽，彼此距离遥远，上下之间有着一条不可逾越的鸿沟。礼制就是等级制度，不同的阶层有着不同活法，身份地位不一样吃穿住行也就不一样。

在礼制时代，人与人之间的交往需要遵守一定的礼节，虽然礼节很烦琐、很微细，但归结起来，不外乎谦虚二字，所以，最高的礼节就是尊重一切人，尊重一切事，尊重一切物，永远保持谦卑的姿态，永远把自己摆在最低的位置。人体最低的位置在哪儿？在鞋，在履。相反，如果不懂得尊重人，总想着凌驾于人，就是在“履虎尾”，必然会受到伤害。

礼制时代特别讲究礼仪，《礼记》中提到了“礼仪三百，威仪八千”，古礼详尽而繁杂，几乎到了事无巨细的程度，像人们的一举一动，一颦一笑，说话的语气声调，走路的姿势仪态，如何待人接物，如何送往迎来，到什么场合穿什么衣服，对什么人说什么话等，都有着严格的规定，不许人们出一丁点差错，否则就会闹笑话，被人瞧不起。所以，那个时代的人从小就需要接受礼仪训练。那么，礼仪需要从哪里学起呢？从走路的姿态学起，从举手投足学起，从步履上学起。学会如何走路是学习礼仪的第一课。想一下佛教四大威仪之首的行，再对比一下时装模特的猫步，还有马术的盛装舞步，天安门前解放军的正步走，古今中外有区别吗？每当看到这些不谋而合，我们时常会意一笑。

履是礼卦，是礼制、礼节、礼仪。

泰

——通泰

䷊

上下分级之后，就有了阶级对立和阶级矛盾。这个问题如果解决得好，就会上下和睦，通体舒泰，这便是本卦的泰卦；如果解决不好，就会造成上下隔阂，闭塞不通，这便是下一卦否卦。

“泰”字有两种象形含义，一种是大而无外的“太”，一种是指水从手缝间滑落，表示通畅，此处作通畅讲。

“天地交，泰。”为何通畅呢？因为天地相交。“天地交”说的是天地之气相交，天蕴含着阳气，阳气的特点是向上升；地蕴含着阴气，阴气的特点是往下降。泰卦坤上乾下，地在天的上面，所以阴气往下降，阳气向上升，二气于途中相遇，交互融和，所以叫“天地交泰”。

泰卦是消息卦，对应着正月的立春和雨水，这时万物开始孕育和萌发。前面提到天地生养万物的功能，至此才完美地展现出来。

“泰，小往大来，吉，亨。”“小”是阴气，“大”是阳气，“小往大来”，意思是阴气消退，阳气增长。在季节上指正当初春之时，阴寒逐步消退，温阳日渐回暖，万物开始萌生；在国运上相当于建国初始，万象一新，所以诸事吉利，气运亨通。

“天地交而万物通也。”这一句说的是万物的泰。初春时节，天地之气相交，万物通泰，欣欣向荣。

“上下交而其志同也。”这一句说的是人事上的泰。“上下相交”，必然是领导关心下属，下属支持领导，上下和睦，团结一心，同心同德，共创辉煌。

“内阳而外阴。”这一句说的是身体上的泰。心与炁合，身体内实外虚，通体舒泰、健康快乐。

“内健而外顺。”这一句说的是为人处世的泰。内心极有主见，表现在外的却是柔顺随和。内有主见，却不随便与人发生抵触，不随便否定别人，如此做人，才能人缘好，才会讨人喜欢。

“内君子而外小人，君子道长，小人道消也。”这一句说的是朝堂上的泰。朝堂上君子得势，小人失势，没有小人的市场，权力掌握在君子手中。

“天地交泰，后以财（裁）成天地之道，辅相天地之宜，以左右民。”“后”是天子和诸侯，天子、诸侯乃一国之君。国君效法天地交泰之道，实施春政，富国安民，减轻赋税徭役，与民生息，藏富于民。

从相交的角度看，小畜卦虽然也是一种相交，但是由于双方的力量不对等，未能完成真正的交合。在六十四卦中，除了泰卦，还有许多相交的卦，如山与泽相交是咸卦，雷与风相交是恒卦，水与火相交是既济卦。想要获得通泰、融洽、长久、成功的人生，请细细体会这四卦。

否

——闭塞

上下关系处理得好就通泰，否则就闭塞。否(pǐ)就是闭塞不通。

“天地不交，否。”否卦，乾上坤下，阳气处上继续往上升，阴气在下还要向下降，阴阳二气背道而驰，无法相交，所以叫作否卦。

“天地不交而万物不通也。”否卦对应着七月的立秋和处暑，这时秋风萧瑟，生机灭绝，天地生养万物的功能至此闭塞，所以说“天地不交而万物不通也”，不通就是闭塞。

“否之匪人，不利君子贞，大往小来。”阳气消退，阴气增长，是“大往小来”。对国家而言是国运衰落，利小人，不利君子。

“上下不交而天下无邦也。”闭塞体现在人事上，领导不关心下属，下属不支持领导，上下之间情感隔绝，离心离德，人心涣散，失败和覆灭也就在所难免了。

“内阴而外阳。”闭塞体现在身体上，是心与炁离，内虚外实，内阴外阳，气脉不通，体弱多病。

“内柔而外刚。”闭塞体现在为人处事上，内心缺乏主见，而行为表现极度自我，随便地否定别人，喜欢与人争竞，瞧不起人，如此为人，必然招人讨厌，人缘差。

“内小人而外君子，小人道长，君子道消也。”这一句说的是朝堂上的闭塞。朝堂上小人得势，君子失势，没有君子的话语权，权力掌握在小人手中。

“君子以俭德辟难，不可荣以禄。”否卦意味着小人横行，小人说了算，这时候君子最好不要眷恋职位，图谋事业，应该舍弃荣华，隐居起来，过节俭朴素的生活，以保全自身。

天地不交是否卦，水火不交是未济卦，山泽不交是损卦，雷风不交是益卦。

同人

——同类相聚

上下团结就会凝聚成一个奋进向上的团体，除此之外，招揽同类，吸纳与自己志同道合的人一起奋斗，就显得更为重要和迫切。例如，汉武帝要击败匈奴，派张骞做信使打通西域外交，遣卫青、霍去病为将统兵攻打，用桑弘羊掌管财税以保证战争支出，采纳董仲舒的建议，重用儒生以统一民众的思想，在这些同人的全力帮助和支持下，汉武帝创下了彪炳千秋的功业，缔造了大汉民族的未来与荣耀。

“天与火，同人。君子以类族辨物。”天在上，火势向上燃烧，天与火方向一致；天有日月星光，火有火光，天与火形象相同，所以天与火是同类。同类的人聚在一起叫“同人”，例如：相同血脉的同族、共同祖先的同胞、志同道合的同志、一起修道的同修、目标一致的同仁，还有同乡、同窗等。

“同人，柔得位得中而应乎乾，曰同人。”是什么把大家吸引到一起来的？是共同的利益，是共同的目标。“柔得位”说的是六二爻，六二爻就是那个共同的利益和目标，为了分得“六二”这块大蛋糕，大家聚在一起，共同打拼，所以叫同人。当然了，对于汉武帝、卫青、霍去病来说，目标就是打败匈奴。

“同人曰：同人于野，亨，利涉大川，乾行也。”带领大家一起分蛋糕，需具备一定的气量，能容人，不论亲疏贵贱，只要有用，全部一视同仁。项羽败就败在气量过小、只认宗亲，刘邦赢就赢在气量够大、容得天下人。“同人于野”是说心胸大得如同旷野，有了如此的容人雅量，才能得到天下人的响应，才能事事亨通，才能闯过重重险关。“乾行”是天的行为，天行势不可挡。

“文明以健。中正而应。”这位带领大家征服天下的君子，不仅心胸要大，还要有足够的智慧，以及果断的行动力，这就是“文明以健”。“文明”是智慧，“健”是健行。另外，这个人还必须是绝对的领导核心，得到人民群众的信任和众人的全力支持。

“君子正也，唯君子为能通天下之志。”这位领导者的思想足以成为指引大家前行的一盏明灯，为什么这么说呢？因为他知道众人都在想什么，知道人民群众需要什么。例如，西汉初期，匈奴对汉地的老百姓烧杀掳掠，无恶不作，边地百姓饱受匈奴的凌辱，西汉政权也因为打不过匈奴，被迫采取和亲政策，向匈奴献贡俯首。所以到了汉武帝的时候，国力完全恢复，全国人民上上下下，从皇帝到文武百官，从市民到贩夫走卒，人们最想做的一件事就是打败匈奴，一雪前耻。所以文帝、景帝的与民休息是“通天下之志”，武帝的率民讨伐也是“通天下之志”。

同人，用共同的理想和目标将众人召集起来，干一番事业。

大有

——大有作为

在同人的帮助下，取得辉煌成果，创造上佳业绩，从而大有作为。

“大有，柔得尊位，大中，而上下应之，曰：大有。”大有卦说的是得到众人辅佐，无为而治。当得起这一卦的人都是行业精英，也就是“柔得尊位”的六五爻。这一爻搁在过去就是无为而治的天子，这位天子品性“柔”和，赢得大众的爱戴，获得上天的庇佑，因而事业广大，功被天下，富有四海。“尊位，大中”是这一卦的关键，也就是说必须坐到至尊的位子上，成为权力的核心，如此方能大有作为。例如汉文帝刘恒，本是个被排挤、不招人待见的庸碌王爷，只因其他刘氏子嗣被吕太后屠戮殆尽，没有其他选择，这才被大臣们推上至尊的位子，再加上刘恒这个人性情柔和，符合“柔得尊位”的所有特点，所以才有了光耀古今的文景之治。

“其德刚健而文明，应乎天而时行，是以元亨。”六五之君之所以能够成功，除了“柔得尊位”，还需具备以下三个条件：一是“刚健”，不消极懈怠，勇于进取，不畏一切艰难险阻；二是“文明”，不使用霸道，采取文明的方式，以德服人；三是“时行”，不错失良机，紧紧抓住稍纵即逝的机会，得天时之利。这三条都做到了，才会一路畅通无阻，直抵成功。

“火在天上，大有。君子以遏恶扬善，顺天休命。”大有卦的卦象是“火在天上”，光明普照。所谓的普照，不会因为对方是好人才照，不是好人就不照，好人要关照，坏人也要关照，无偏无狭，无私无党，心像天一样的广大与包容，慈爱一切，如此才能获得众人的支持，才能开创前所未有的辉煌。那么，如何做才符合光明普照的标准呢？就是“遏恶扬善，顺天休命”。“遏恶”——隐瞒别人的缺点过失，“扬善”——凸显别人的优点善处，这样做才顺乎上天的广大与包容，才能够完成统合四海八荒的使命。

谦

——谦逊

富有天下，取得了过人成绩，有了财富、权势、地位、名声之后，是不是就可以觉得自己高人一等，瞧不起别人了？当然不可以，相反，要山埋地下，把功绩、权势、地位、财富、名声这些“高山”深深埋藏起来，不以为意，不当回事，然后自己还像大地一样做一介卑微平凡的小老百姓，做一个朴素的老农民，如此才符合谦卦的道理。所以，谦卦成立的前提是远超对方，如果条件与对方齐平，甚至还不如对方，姿态过低那叫拍马屁，又吹又捧那叫阿谀奉承，不叫谦虚，这点要特别留意。

谦字由言、兼会意，言是说话，兼是兼顾，意思是说话时要兼顾对方的颜面和感受，放低自己的姿态，调柔自己的语气和声调，话语谦恭，以示尊敬。

“地中有山，谦。君子以裒（póu）多益寡，称物平施。”谦卦的原理出自天道的“损有余以补不足”。山崇高有余，搁到下面以损之；地卑微不足，抬至上面以补之。“裒多益寡，称物平施”，多则减损，寡则增益，令二者趋向均平。例如某些西方国家向富人征收重税贴补穷人，丰厚的社会福利以及慈善事业都属此类。

“谦，亨。”人能谦逊自然会获得他人的好感，事事亨通。

“天道亏盈而益谦，地道变盈而流谦，鬼神害盈而福谦，人道恶盈而好谦。”盈是有余，谦是不足。损盈满之有余，补谦少之不足，乃是一种常见的自然现象。例如：月亮圆满了就会出现亏损，这是天道的损有余；月亮缺失了就会日渐光明，这是天道的补不足。山峦丘陵时刻被风雨侵蚀剥落，这是地道的损有余；剥落下来的山石泥沙填向平原河谷，这是地道的补不足。鬼神喜欢损害骄傲自满的人，这是鬼道的损有余；鬼神乐意帮助谦逊有礼的人，这是鬼道的补不足。骄傲的人招人厌恶，这是人道的损有余；谦让的人讨人喜欢，这是人道的补不足。

“谦，尊而光，卑而不可逾，君子之终也。”尊贵者谦虚更加令其增光溢彩，卑微者谦虚不过是遵守其不可逾越的本分。善始者多，善终者寡，如果有人能够一辈子谦虚下去，必会得到善终的结果。

豫

——快乐

功劳财富地位远超他人，却能为人低调，谦逊待人，自然会讨得众人的欢心，众人因此熙怡快乐，是为豫卦。

“雷出地奋，豫。先王以作乐崇德，殷荐上帝，以配祖考。”“豫”字的本义是动作舒缓的大象，引申为安逸的生活和愉悦的心情。每年的惊蛰，平地一声春雷，唤醒了沉寂的大地，开启了万物的觉醒之旅，演奏出生命的交响乐章，大地振奋，万众欢腾，这就是“豫”。先王从中受到启发，制作音乐歌舞，告祭上帝，配祀先祖。

“豫，刚应而志行，顺以动，豫。”豫是快乐，“顺以动”就是顺着快乐而动，顺着人们的喜乐做事情，顺从民情定政策。民情好逸恶劳，人性贪图享受，顺着人们的这些喜好，给人们创造一个安乐舒适的生活环境，用优美的诗词歌赋和华丽的音乐歌舞来美化人生，如此一来，人们无不双手赞成欣然接受。这便是礼乐治国，这便是华夏乐邦。豫是一切政治家所共同追求的理想。

“豫，顺以动，故天地如之，而况建侯行师乎。”顺着人们的喜乐做事，不仅得到众人的拥护，还得到天地的冥中护持，有了众人和天地的襄助，建立国家和行军作战全都成了小菜一碟，不费吹灰之力。

“天地以顺动，故日月不过，而四时不忒。圣人以顺动，故刑罚轻而民服。”天地顺动，所以日月按时出行，四季准点交接。为政以顺动，治理天下易如反掌，人们服从听话，违法乱纪的事情随之减少。例如汉朝的文景之治与唐朝的贞观之治，均采取了豫民政策，结果是夜不闭户，路不拾遗，监狱近乎清零。

“豫，利建侯，行师。”救民于危难，给人民一个幸福安乐的生活，是建国和用兵的终极目标。

履卦是礼，豫卦是乐，两卦合起来就是礼乐。乐不光指狭义上的音乐歌舞，广义上讲，一切令人愉悦的事情，像文化、体育、影视、娱乐、休闲、健身、游戏、旅游等等也都属于乐的范畴，也都包含在豫卦之内。

从修行的角度看豫卦，“雷出地奋”，阳气于丹田处发动，这时全身暖融融地充满快感，如同人间的四月天，邵康节还为此特意写了首诗：“天根月窟闲来往，三十六宫皆是春。”三十六宫，是将人的身体分成三十六个部分，全部是春意盎然的。

随

——跟随

快乐的事情谁不喜欢？所以众人争相跟风，追随潮流。随字的本义是跟随。

“泽中有雷，随。君子以向晦入宴息。”泽是大海，雷是能量，“泽中有雷”，说明这股能量潜伏在大海深处，无法发挥作用。就人体而言，能量潜伏，说明这个人该休息了，到了睡觉的时间。另外，兑卦代表西方与傍晚，震卦代表东方与清晨，随着夜幕降临，人们进入梦乡，处于休息状态；随着晨光绽放，人们从梦中醒来，开始了一天的活动。兑卦还代表着秋天，震卦还代表着春天，随着秋天的到来，人们沉浸在收获的喜悦之中；随着春天的来到，人们在农田里辛勤耕作。秋天收获，春天播种，日出而作，日落而息，全都是随时之意，所以随卦也就是随时的意思。

当大运到来时，把握住机会也算随时。例如，现在是信息时代，网购、快递、微信等一大批与网络通信有关的产业迅速崛起，阿里巴巴、腾讯、京东、顺丰等公司敏锐地把握住这一机会，乘着时代的大运一飞冲天。

“随，刚来而下柔，动而说。”这句话的意思是放低姿态追随对方，令对方欢喜，所以随卦还含有随人、随势的意思。随人，追随某一个人。

随势，加入某个党派团体，进入某个社交圈子。

“随，大亨贞，无咎，而天下随时。随时之义大矣哉。”就国家而言，随卦含有政策相续的意思，例如“萧规曹随”，萧何制定的规章制度、法令法规，曹参接班后原封不动地全部照搬。“大亨贞，无咎”，不管是随政，还是随时、随人、随势，都不可以越了规矩，须遵循正道，好的随，不好的不随，善的随，不善的不随，如此才没有过失。

此外，随卦还有随地、随俗的意思。随地，因地制宜，靠山吃山，靠水吃水。随俗，入乡随俗，到什么山唱什么歌，与当地人打成一片。例如佛教传入中国后，为了适应中国的风俗习惯，马祖与百丈改革了原始佛教的乞食制度，创建丛林，令出家人耕田种地，自给自足。

隋朝本来叫随朝，杨坚曾做过随国公，杨坚觉“随”字带个“走之”不好，遂造了个“隋”字，但是他却忘了，没了“走之”，天运如何相随？除了隋朝，元朝也与《周易》有关，“元”字出自乾卦的元、亨、利、贞。

蛊

——腐败

再好的食物放久了也会腐烂变质，再好的制度用久了也会产生弊端，再好的关系处久了也会生出嫌隙，再好的国家承平久了也会滋生腐败，这便是蛊卦。好的为豫，日久为随，病变为蛊。古今中外，任何一个国家，任何一种制度，都逃不出这一自然规律，中国的大汉盛唐、西方的希腊罗马、周朝的分封制、希腊的民主制，也都是在承平日久，国力到达鼎盛时，内部出现了溃烂，以至于弊病丛生。

“蛊”字的本义是器皿里的食物存放久了霉烂腐败，滋生出许多小虫子。当然，小虫子是古人的提法，现在我们管它叫细菌，蛊可以说是我们先民对微生物的最初认知。

“山下有风，蛊。君子以振民育德。”这个山下的风可不是我们平常感受到的自然风，而是山间弥漫着的瘴气。在古代，山林大都未经开发，植被茂密，动物繁多，动植物的腐殖会滋生出很多细菌和微生物，细菌飘浮在空中，如果里面有致病菌，就会形成瘴气，所以叫作“山下有风，蛊”。百姓接触了瘴气就会生病，致使瘟疫流行，这时候就需要君子站出来发挥作用了，或是熬制汤药，或是施以符水，或是迎请傩（nuó）神，采用各种办法驱除瘟疫，赶走病魔。君子治病救人就叫作“振民育德”。

“蛊，刚上而柔下，巽而止，蛊。蛊元亨，而天下治也。”身体遭瘟是蛊，国家腐败也是蛊。一个国家承平日久就会出现腐败现象，遇到这种情况，上位者需要雷厉风行的严加整顿，惩治腐败官吏，令行禁止。腐败得到了根治，国家重新步入正轨。

“利涉大川，往有事也。”蛊毒、腐败乃是沉疴积弊，非猛药无以根治，非猛政无以去除。“涉大川”，说明猛药猛政的不良反应还是不小的，除弊的同时，少不了一场折腾，脱一层皮，就像涉大川、渡险关一样。

“先甲三日，后甲三日。”用政策法令去除积弊。甲日是政令颁布的日子。“先甲三日”是在政令发布之前，事先向人们解释一番，让人们对新政令有个初步的了解。“后甲三日”是政令发布后，还需要再三的叮嘱，让人们务必要遵守执行。

蛊卦是治病、除弊之卦。

临

——临民莅众，为官一方

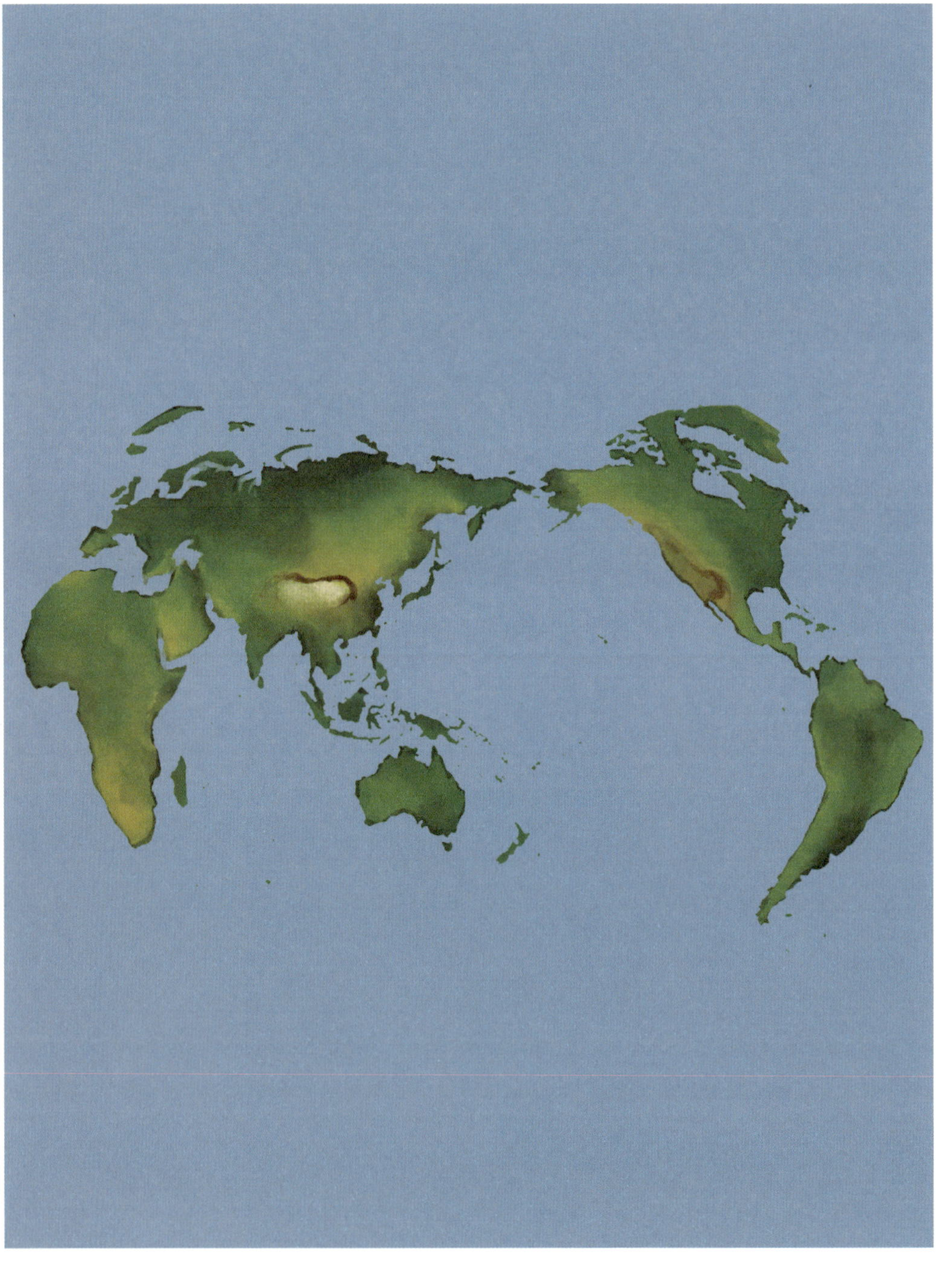

振衰起敝，根治腐败，需要执政者沉下去，沉到最底层，走进民众，感受民众的疾苦，听取民众的心声，然后制定相应的政策法规，是为临卦。

“临”字，低头向下查看，有监察督导的意思。古时候，天子巡视四方督查诸侯，检查其辖区内的人民生活得好不好，好的就奖励，不好的就惩罚，“天听自我民听，天视自我民视”。这就是古时候的临，君临天下的临。

“临，刚浸而长，说而顺，刚中而应，大亨以正，天之道也。”临卦属于消息卦，对应的月份是腊月，这时虽然依旧天寒地冻，阴气强盛，但是阳能已悄然地发展起来，树枝挂满了骨朵，生机内蕴，只待春风了。用在人事上，朝廷中虽然还是小人势大，但君子已经在暗中主宰局面，并呈现出壮大之势，这些新生力量不仅得到了群众的认可和支持，还获得了高层的赏识和重用，即将登上舞台，一展风采。阳气和君子都是正道，代表着“天之道”。

“至于八月有凶，消不久也。”有生就有死，有长就有消，虽然腊月的阳气逐渐增长，开始登临天地的舞台，但一旦到了八月，阳气终究会落得消沉无力，退出天地的舞台。生老病死，盈亏盛衰，乃是自然规律，谁也改变不了。

“泽上有地，临。君子以教思无穷，容保民无疆。”“泽上有地”，其图像是在大海之上漂浮着一块块的陆地，这一现象对现在人来说很熟悉，就是一张再也普通不过的世界地图，但是这事搁在古代，就大不一样，因为这远远超出了古人的认知范围。用现在的眼光看，世界有五大洋七大洲，天下有四海八荒，九州的疆域，“泽”是沼泽湖海，里面世世代代生活着渔民，“地”是耕地草原，上面世世代代居住着农民、牧民，地域不同，风土人情也就迥然而异，天子根据各地的风土民情，制定相应的教育模式，划分出九州的疆域，依据其种姓民族的特点出台相应的政策法规，以保护天下万民。

观

——身教和宗教

说来说去，起敝振衰的根本还在于上层，上层自身一定要正。官员败坏多是因为最顶层的国君出了问题，所谓上梁不正下梁歪，这是古今中外不易的道理，这就是观卦，官民向上观看，国君以自身的言行宣教。

“观”字从雚（guàn），从见，雚是鸟，所以观字的本义是拥有像鸟一样的广阔视野。

观卦是消息卦，对应着八月的白露、秋分，此时正值北方的金秋时节，阳气虽已消落，但景色却蔚为壮观，那红的似火，黄的似金，层林尽染，漫山浸透，秋天美景，大有可观。

“大观在上，顺而巽，中正以观天下。”“大观在上”指的是天子，天子的言行举止为世人所瞩目。天下百姓观看到天子的行为，纷纷顺从仿效。既然百姓们模仿天子，那么只要看看天子什么样，就可以推知百姓的状况。反过来，百姓也是天子的一面镜子，看看百姓什么样，也就可以想象出天子的样子了。这是自下而上的“大观”，属于身教。

“观，盥而不荐。”“盥”是洗手，天子在祭祀之前先要洗手，以示对天地神明的恭敬。“荐”是天子洗完手后摆上进献的贡品。“盥而不荐”的意思是洗手比进贡重要得多，宁可不进贡，也不可以不洗手。为什么古人如此重视洗手呢？因为在古人看来，天地神明虽然是看不见、摸不着的，但神明就降临在供坛上，祭神如神在，怎么可以用脏手摆贡品呢？所以，上贡前净手，是为了凸显天子的虔诚与恭敬，就像我们招待客人尚且要事先洗干净，更何况是招待神明。

“有孚颙若，下观而化也。”这一句说的是天下万民。百姓们观看到天子的祭天仪式，被天子的虔诚所感动，确信有天地神明的存在，这叫“有孚”，孚是信。既然相信世间有神鬼，那么人就不能太随便，哪怕是四下无人，一个人独处的时候，也不可以随便乱来，要随时警惕自己、约束自己，保持一副严肃认真的姿态，因为时刻有鬼神在一侧监督着，举头三尺有神明。“颙若”，一副严肃认真的样子。

“观天之神道而四时不忒，圣人以神道设教，而天下服矣。”这一句说的是宗教。天道虽然看不见，但却有条不紊地支配着四季的更迭，从没有出错过。神道虽然看不见，但圣人却可以借助于鬼神这一冥冥之中的力量来设立宗教，在宗教力量的威慑下，百姓无不归化顺从。

“风行地上，观。先王以省方，观民设教。”观卦的卦象是“风行地上”，风是天子的号令，地是百姓。古时天子巡视四方，考察各地的风俗民情，设立相应的教法，这就是“观民设教”。“观民设教”是自上而下的观，属于言教。“先王”是古时的天子。

观卦是身教，也是宗教之卦。

噬嗑

——咬合、雷电与处罚

既然设立了教化，颁布了政策法规，就要人人遵守执行。谁要是不听话，故意违背触犯，就要绳之以法，予以处罚，这便是噬嗑卦。

所谓噬嗑，噬是咬，嗑是合，合起来的意思是咬合。

“颐中有物，曰噬嗑。”噬嗑卦是从颐卦取象过来的。颐是口腔，口腔里有个东西，给它咬断了，所以叫噬嗑。

“噬嗑而亨。”咬合就是撕咬，映射到某些社会现象就是惩治罪犯，所以噬嗑卦也是刑罚之卦。社会上总有一些违法乱纪的犯罪分子，对这些人使用感化和教导已经无用，只得绳之以法，给予惩罚，这就是噬嗑。惩治了罪犯，圈禁了害群之马，还社会一个清明，所以亨通。

“刚柔分，动而明。”惩罚分惩戒性与非惩戒性两种。非惩戒性的是死刑，直接杀掉，不给罪犯悔改的余地。惩戒性的是除死刑外的惩治，给罪犯留有改过自新的机会。所以在定罪量刑时，一定要分辨清楚，除非是十恶不赦大逆不道的必死之徒，一般都要留有余地，给其悔过的机会。“刚”是非惩戒性的，“柔”是惩戒性的。

“雷电合而章。”雷是用刑，电是昭示。惩罚罪犯，一方面是为了惩治罪犯，另一方面也是在教育民众，让民众看到违法者的下场，从而遵纪守法，不敢逾越。所以惩处罪犯要摆在明面，让所有的人都看到，例如过去的死刑场就设在人来人往人口密集的菜市口，砍头的时间定在正午，为的就是要全天下人都看到，引以为戒。

“柔得中而上行，虽不当位，利用狱也。”过去的刑罚有笞、杖、徒、流、死五种，其中的笞是鞭刑，杖是杖刑，流是流放，死是死刑，徒是关在监狱里服苦役。“利用狱”，将罪犯关在监狱里进行劳动改造，表面上看是在限制罪犯的人身自由，但是往深处分析，却是为罪犯提供了一个自新和重生的场所。

“雷电，噬嗑。先王以明罚敕法。”噬嗑卦上离下震，离是闪电，震是霹雳，合起来就是雷电交加。就人事而论，与撕咬和雷电相类似的，莫过于恐怖的刑罚了。“敕法”是用刑法戒敕民众，“明罚”是用施刑警示民众，就像天上的雷电，让所有人都听到看到，让所有人都感到害怕恐惧，并引以为戒。

讼卦是打官司，噬嗑卦是刑罚，两卦合在一起就是古时候的司法。

贲

——纹饰，人文

只有法律行政，势必会干巴巴的索然寡味，缺少情调，所以一定少不了人文的点缀。在过去，人文是诗书礼乐；在之后，人文是汉赋唐诗宋词元曲；在现在，人文是文化，是音乐戏曲歌舞，是影视娱乐文化。所以，代表人文的贲卦紧随着噬嗑卦。

贲字的早期的写法是上卉下鼓，读作 bēn，卉是花草，引申为纹饰，鼓是大鼓，合在一起就是配有纹饰的战鼓。后来，鼓变为贝，就变成了卉与贝会意，读作 bì，卉依然是花草纹饰，贝是有价值，合起来的意思是用装饰来凸显物品的价值，也就是现在所谓的包装。

“贲亨，柔来而文刚，故亨；分刚上而文柔，故小利有攸往。”贲卦是从泰卦演变过来的，泰卦的上六爻降落到二爻，把乾变成离，叫作“柔来而文刚”，就现象而言，乾为天，离为日月星辰，乾变成离，就是借助日月星辰来装点天空。泰卦的九二爻上升到六爻，把坤变成艮，叫作“分刚上而文柔”，就现象而言，坤为地，艮为山脉丘陵，坤变成艮，就是利用山脉丘陵来纹饰大地。

“刚柔交错，天文也；文明以止，人文也。观乎天文，以察时变；观乎人文，以化成天下。”天地万物皆有纹饰。天的纹饰是日月星辰，叫作天文；地的纹饰是山川丘陵，叫作地理；人的纹饰是诗书礼乐，叫作人文。

人们通过观察天文，建立星象历法，以掌握时间；通过观察地理，建立城市交通，以布局空间；通过观察人文，建立礼乐教化，以化导百姓。

“山下有火，贲。君子以明庶政，无敢折狱。”庶政就是各种政务。秦汉以前的政务偏重于道德感化，虽然也有监狱等刑罚，但仅起个辅助作用，所以只要各种政务到位，礼乐昌明，道德醇厚，就没有人敢触犯法律，没有了罪犯，监狱也就沦为摆设。

“山下有火，贲。”“山下”是早期人类居住的山洞，“有火”是早期人类使用的火种。有了山洞就可躲避风寒、潮湿、蚊虫、野兽等侵扰，这就解决了早期人类的住房问题；有了火种就可以避免生食、病菌、寒凉等妨害，这就解决了早期人类的吃饭问题，山洞与火种是人文进化的第一步，从此结束了露天而宿、茹毛饮血的野蛮生活。所以说，人文起源于山洞与火种，这就是“山下有火，贲”。

人文的诗书礼乐不过是个装饰品，是纹饰不是本质，那么本质是什么呢？不是别的，就是观卦的身教，就是蒙卦的果行育德，就是身体力行，切身体验。力行才是人文的本质，所以《论语》上讲“行有余力，则以学文”。

衣冠文物，揖让进退，乃人文开端，如果哪一天华夏文明真的要复兴，必然会从此处入手。

剥

——剥落、毁灭

一个人总要磨炼到六七十岁，各种经验智慧才会完全成熟，然而此人已然步入了人生的终点；一个国家的文化艺术空前繁荣了，这个国家才算是进入鼎盛，然而衰败兴许就会在一夜之间到来。比对一下历史上的文明，不管是希腊文明还是玛雅文明都是因此戛然而止，不管是大唐盛世还是罗马盛世都是因此骤然崩塌，所以贲卦之后是剥卦，一个代表着剥落与灭亡的卦。

据说在一万两千年前，地球上曾活跃着一个叫亚特兰蒂斯的文明，其科技发达程度远超今日，然而它却依然逃不脱《周易》贲而剥的命运，被一场突如其来的特大洪水瞬间吞噬。《易经》应该是那个时候遗留下来的，代表着那个文明的最高成就。我们至今还没法破解《易经》，是因为我们今天的科学还很落后，还没有达到曾经的程度，对这部人类文明的最高经典还摸不着门径，所以只能期待未来科学的不断进步了。尽管如此，《易经》启发了莱布尼兹发现了二进制，[①] 然后才有了计算机和电脑，可以说是《易经》这把钥匙为人类开启了文明的信息时代。

① 1703年，莱士尼兹向法国科学院提交了论文：《关于仅用0与1两个符号的二进制算术的说明，并附其应用，以及据此解释古代中国伏羲图的探讨》，自此，二进制开始公之于众。

剥字的画面是剥皮，意思是一层一层地剥落。

“剥，剥也。”从剥卦的整体卦象看，上面只有一个阳爻，下面五个阴爻，乃是群阴剥阳的局面，所以叫作“剥”。

“柔变刚也。”下面的五个阴爻，一点一点地剥蚀掉上面的阳爻，一步一步地改变着阳爻的性质。另外，剥卦属于消息卦，对应着九月的霜降，这时的天气变得阴寒起来，万物蛰伏，最后的一点生机马上就被剥落掉了。就人生而言，剥卦意味着阳气即将耗尽，风烛残年，命将不久；就朝代而言，剥卦意味着命数即将终了，国家即将灭亡。

“不利有攸往，小人长也。”在朝廷上，局势全部由小人把控，没有君子的立身之处，即使有那么一两个贤德之人，也无用武之地。

“顺而止之，观象也。”坤为顺，艮为止，君子看到这个卦象，就不会强出头，不去试图扭转局势，因为这样做不仅于事无补，还会激怒一众小人，为自己惹来杀身之祸，所以，君子察觉到这种局势，选择蛰伏，虚与委蛇，闭口闭行，只求为国家留存一息正气的种子，如同上九爻所说的“硕果不食”，留作种用。

“君子尚消息盈虚，天行也。”春天发生，夏天成长，秋天收敛，冬天深藏，这是天气的四季运行。春息、夏盈、秋消、冬虚，这是四季的“消息盈虚”。同样，一个国家也有春夏秋冬，也有“消息盈虚”，当国家步入正轨君子得势时，正如春夏之盈息，君子大可以一展身手、有所作为；当国家日益没落小人得势时，恰似秋冬之消虚，君子应当装聋作哑、蛰伏隐遁。

“山附于地，剥。上以厚下安宅。”盖房子一般需要事先做一定的地基处理，没有直接垒砌的，只有地基牢固了，房子才不会倾斜倒塌。山也是如此，只有坐落在坚硬的岩石上才能牢固，如今“山附于地”，坐在了松软的泥土上，如何能够安稳？不崩掉才怪，所以叫作“剥”。既然剥落是从下面引起的，对应在人事上，下面是员工、百姓，所以要“厚下”，礼遇员工、厚待百姓，如此公司才得以稳定，国家才得保平安。

复

——复兴

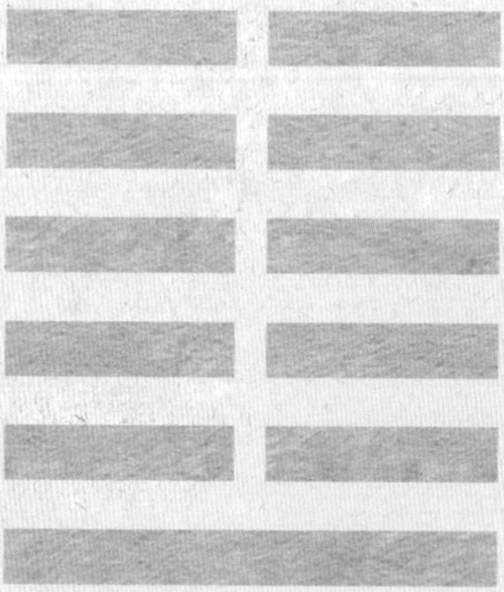

华夏复兴

亚特兰蒂斯文明虽然剥落了消失了，然而文明的火种却在延续，个别人乘着方舟幸存下来，将火种播撒在世界各地，如星星之火一般悄然地燃起，像古埃及文明、古印度文明、古希腊文明、华夏文明、苏尔美文明、克里特文明、美索不达米亚文明、玛雅文明……然后不断地演变发展，直至今天这副模样。所以，有死就有生，有衰就有兴，有剥就有复。就像是生死轮回，就像是四季轮转，看似枯寒死寂、毫无生意的冬天，一待春风吹来，万物复苏。

先看“复”字的画面，上面是一座城，前后大门敞开着，下面是一只脚，两者会意，意思是进城出城，所以“复”字的本义是往返、进出。

“复，亨，刚反。”复，阳气又回来了，所以亨通。复是一年之中的冬至日，那一天，阳气在地底下重启。

“动而以顺行，是以出入无疾，朋来无咎。”阳气既然返回了，万事万物都会顺着这股子生机而动，身体的阳气发动，诸病消除，“出入无疾”，人间的正气发动，往来的都是君子，没有过咎。

“反复其道，七日来复，天行也。”“反复”是一个来回，周而复始。一年之中需要经过七个月，阳气才得以反复。那么，“七日来复”，七天反复，又是什么意思呢？这要是在过去很难解释清楚，例如过去人修道，动不动就打禅七、打念佛七、闭关七天，为什么非得是七天？为什么基督教的上帝造人也是七天一个周期？为什么最后一天是休息日？这些问题在过去非常神秘，难以让人理解，但是，到了医学发达的今天就能给出解释，因为人体的血液每七天更换一遍，就这么简单。如此足见我们的老祖宗很懂科学，身体七日来复，出入无疾。感冒了，不论吃不吃药，都需要经过七天，过了七天一般就会好。那么人体为什么呈现周期性波动？“天行也”，这是天道所致。天体呈周期性的运行，像日出日落、月圆月亏、太阳黑子的周期性活动等。

“利有攸往，刚长也。”阳刚之气增长，共事的都是正人君子，必然诸事顺遂，无往而不利了。

“复，其见天地之心乎？”复卦属于十二消息卦。复卦的上一卦是坤卦，坤卦对应着十月的立冬和小雪，这时的天地万物静到了极点，纯阴无阳，不见一点生机，然而物极必反，静极而动，阴极而阳生，到了十一月的冬至那一天，地下生雷，一阳来复，一点生机悄然地在地下生起。“天地之心”就是天地生育万物的那个功能，就是一阳来复。

“雷在地中，复。先王以至日闭关，商旅不行，后不省方。”雷在地底下，一点阳能悄然发动，阳气复苏。冬至阳气复苏，夏至阴气复苏，这两日合称“至日”，正是一年中阴阳转换的大日子，依照民俗传统“冬至吃饺子，夏至吃面条”，但到了天子那里，就变成了关闭天下所有的关口，不许商人旅客通行。同时，天子和诸侯在这两天也都不办公不做事，斋戒沐浴，焚香静坐。另外，一天中的子时和午时，相当于一年中的冬至和夏至，是一天之中阴阳转换的大时辰，这两个时间段人们最好是选择休息，睡个子午觉，或是静坐、小憩。这都是我们老祖宗传给我们的宝贝，顺应天地的能量休养生息。

最后说说往复、来复这两个词义的区别。往复——往是外出、开始，所以往复就是回归、结束。来复——来是归来、结束，所以来复就是外出、开始。复卦的卦辞是来复，六个爻辞都是往复，意思正好相反，给打卦带来了不少的困扰，像后面的睽卦也存在着相同的问题，但依据占卜经验，复卦就是复兴，睽卦就是分离，还是以卦辞为准。

屯卦和复卦都是开始，屯是全新的，复是周期性的。

无妄
——正气满满的中兴之世

对于人体来说，阳气表现为正面情绪，相反，阴气表现为负面情绪。有的人看起来阳光，充满朝气，是因为他身上的阳气较盛；有的人看起来阴暗，暮气沉沉，是因为他身上的阴气较盛。当然，人身上的阴阳二气也不是一成不变的，一般来说，随着年龄的增长，阳气日渐消退，阴气日渐增长，就像坤卦初爻说的那样“履霜，坚冰至”。霜是阴气刚产生时的样子，还很微弱，冰是阴气已经积累到一定程度，厚实凝重难以撼动。世道也一样，有蓬勃向上的时候，有颓唐丧气的一天。复卦对应的世道是阳气复苏后的一个全新世界，之后随着阳气的日益增盛，人们的情绪也在一步步高涨，快乐、希望、热情、感恩、知足，种种的正面情绪洋溢在世间，荡漾于天地，这就是无妄卦。妄是虚妄的负面情绪，负面情绪全然没有了，所以叫无妄。

无妄卦就是真诚无妄，不欺骗不隐瞒，是充满正气的中兴之卦。

“无妄。刚自外来，而为主于内。动而健，刚中而应，大亨以正，天之命也。”无妄卦，外乾内震，全是阳刚之气，威猛无俦。阳刚之力虽从外来，但却是从内部发动，外部可以理解为天子的政令，内部可以理解为基层的照章执行，上面的政令一下达，下面贯彻执行。“刚中”指的是刚猛威严的天子。这位天子办事严肃认真，对下面明察秋毫，臣子们不敢欺瞒马虎，所以天下“大亨以正”，具备乾卦的元亨利贞四德，与天命相应。什么是天命？雷霆就是天命，是上天对世人的诫命，命世人真诚，不准虚妄，谁虚妄劈谁。

“其匪正有眚（shěng），不利有攸往。无妄之往，何之矣？天命不佑，行矣哉。”无妄是盛世之卦，正能量满满的，没有奸邪的存在。如果这时候有人胆敢逆着来，存心不正，搞些邪门歪道，必被世人唾弃，而且上天也不护佑。违背了天命，漫天的雷霆可不是吃素的……

“天下雷行，物与无妄。先王以茂对时育万物。”古人认为，雷霆是上天对自己的警告，所以闻迅雷而色变，一听到雷声，赶紧端正态度，进行自我反省，坦白错误，忏悔过失，不敢有半点隐瞒。如今“天下雷行”，整个天空布满了雷霆，霹雳漫天，不光人类不敢有丁点儿虚妄，就是万物也不敢有丝毫不敬。无妄卦代表着中兴，中兴怎么来的？是威猛刚正的天子感召来的，感召来的正气充塞于天地人间，万物也因此受到影响，以至于麒麟献瑞，鸾凤呈祥，动物繁衍生息，植物茂密丰盛。

音乐、歌舞、影视、文学作品等也都有自己的能量值，有着正负之分，有的作品属于正风雅韵，有的作品则属于桑间濮上之流，铲除负面文艺也叫无妄。

大畜

——准备完毕

Gold Substrate
Airy Disc
Single Disc
Overlapping

人心积极向上，乾坤正气满满，贤德者入主庙堂，这个国家才算是有了强大的储备。在各种储备中，人才最重要，过去的人才是士子，是读书人，现在的人才是科学家，是技术人员。当今世界，美国之所以一家独大，是因为世界的科学研究中心在美国，世界的科学技术人才集中在美国。我们从改革开放发展到今天，国力有了空前的提高，应该算是大畜卦了，但是还不够，我们科学界的科技人才还远远没有达到大畜卦的要求。

大畜卦是小畜卦的延伸，小畜卦储备不足，到了大畜卦便发展为储备充分足以养贤；小畜卦畜止不住，到了大畜卦便发展为强势畜止；小畜卦属于准备阶段，到了大畜卦便发展为准备完毕。

“大畜，刚健笃实，辉光日新其德。”一个人要有所作为，就必须蓄积足够的德行。“刚健”意味着自强不息，日新其德，德行一天比一天进步；“笃实”意味着辉光四射，影响渐远，信众一天比一天增多。

“刚上而尚贤。能止健。大正也。”“刚上”是大畜卦的上九爻，代表天子的老师。帝师的特点是“尚贤”，格外爱惜人才。艮山能畜止乾健，说明贤人响应帝师的号召，听从天子的号令。在帝师和贤臣的辅佐下，朝纲振肃，天下大正。

“不家食，吉，养贤也。”虽然人、财、物都是国家的储备资源，但对天子而言，人才才是根本。凤非良木不栖，士非明主不事，贤人出世不易，如果不是遇到明主，宁可安守寂寞，老死家中，这就是“家食”。“不家食”，就是将贤良的人才从江湖中挖掘出来，给予高官厚禄，委以重用，这就是“养贤”。那么，为什么大畜卦能养贤而小畜卦不能呢？这是因为小畜卦畜止不住，贤人根本看不上弱主，还有就是储备不足，拿不出足够的东西养贤，大畜卦就不一样了，钱财物资储备雄厚，足以养得起贤人。此外天子身边还有一位高明的帝师，竖起一杆招贤的大旗，在庙堂上振臂一呼，“刚上而尚贤”，天下士子群起响应，群贤毕至。人才是一个国家的战略性储备，关乎国家的兴衰存亡。

“利涉大川，应乎天也。”有了良师贤臣的辅佐，一切事情才可以平趟，再大的风险也可以平安闯过。贤人做事合乎天道，必得上天的护佑。

“天在山中，大畜。君子以多识前言往行，以畜其德。”山虽小于天，但其内却是别有洞天。君子学习诗书礼乐，文采斐然，是为小畜；君子效法前辈的美言善行，日厚其德，是为大畜。小畜是在学校学习，大畜是在社会学习。步入社会后，需要从别人身上学习，品味前辈的一言一行，如此边学习、边总结，不断地积累经验，把各种本事融入自身，令身中蕴含各种灵妙，别有洞天。

从修行的角度看小畜、大畜，在还没有大彻大悟之前不管修什么，不管怎么修，都是在做准备工作，为将来的修行做准备，这就是小畜卦。大畜是大彻大悟后的实修，悟后起修，正式加入修行者的行列。

颐

——养心养气养自己，养亲养贤养万民

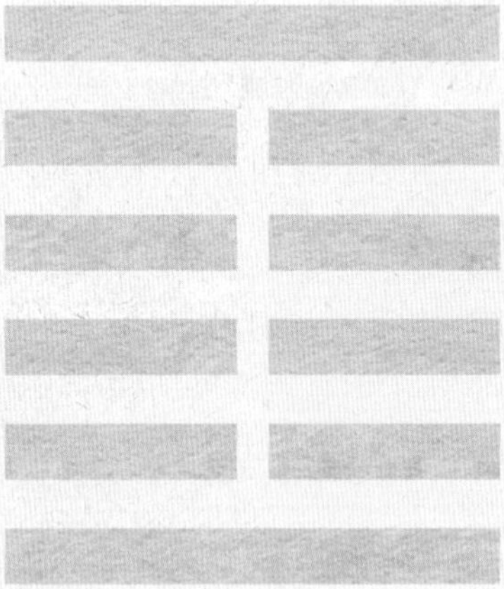

从屯卦的禾苗到颐卦的吃饭，埋藏着一条以农立国的主线。吃穿住行看似简单平凡，但却关系到所有公民的福祉，关系到一个国家的兴衰存亡。吃饭大如天，仓廪实而后知礼节，人才储备固然重要，衣食储备更是不可或缺，所以大畜卦之后紧接着是颐卦，一个讲究吃饭养生的卦。

颐字的本义是鼓动腮帮子吃饭，引申为养。颐卦的整体形象外实内虚，像是人的口腔。从上下卦看，上卦艮代表静止，下卦震代表活动，就像人吃东西时上颚不动、下颚动，非常贴切形象。

“颐，贞，吉，养正则吉也。”颐是养，贞是正，所以“养正则吉”。例如，“慎言语、节饮食”是养正，所以吉；口无遮拦、饮食无度非养正，所以不吉。“养贤”是养正，所以吉；任人唯亲非养正，所以不吉。

“观颐，观其所养也。”看看这个人是养贤者用能人，还是养亲信用私党？

“自求口实，观其自养也。”看看这个人是慎言语、节饮食，还是胡乱说话、饮食无度？

“山下有雷，颐。君子以慎言语，节饮食。”颐是嘴巴，颐养是养嘴巴。嘴巴是用来说话的，是用来吃喝的，是用来呼吸的，所以颐养有三，养心、养体、养气。第一养心，言为心声，言善心善，言恶心恶，管住自己的嘴巴，养心就成功了一多半，所以要“慎言语”。第二养体，通过合理的营养搭配来调节体内阴阳五行的平衡，所以要“节饮食”。第三养炁，初九爻提到的“灵龟”代表了养炁，龟息也叫食气，调整呼吸是养炁的初步，关闭呼吸是养炁的深入。其次，“山下有雷”对应着背部下端的尾闾穴，尾闾穴是全身阳气发动的起始点，阳气发动时尾闾穴轰的一声如打雷一般，所以叫“山下有雷”。总之，养心、养体、养气都与嘴巴有关。

“天地养万物，圣人养贤以及万民。”颐养是先养自己。养好了自己，还要养父母，养亲人。除此以外，像大夫、公卿养宗族，诸侯养国家，天子养天下。养天下的关键在于“养贤”，“养贤”的关键在于选拔和重用贤能之士，只有得到贤能的辅佐，天子才能够实现养天下万民的重任。例如，舜有禹、稷、契、皋陶、伯益，刘邦有萧何、张良、韩信、曹参、陈平，李世民有房玄龄、杜如晦、魏征、李靖、尉迟恭、长孙无忌，有了这些贤能之士，就可以开创基业、颐养万民了。天子养万民是在效法“天地养万物”。

大过

——大为过甚

饭虽然是个好东西，但也不能吃得太多，吃多了照样会把人给撑死，所以颐养要适度，不能太偏太过，否则就会变成大过卦。

“泽灭木，大过。”泽是水，虽然水能养木，但一旦过了头，变成了大泽，化为一片汪洋，就变成了“泽灭木”，反而给树木带来灭顶之灾，所以“过”就是过甚、过头、过分的意思，“大过”就是大大的过了头，超越了常理。

一切事物都有一定的度，要适可而止，如果太过就适得其反，好事会变成坏事，吉祥会变成灾难。例如养生，适当地吃些养生品、保健品对身体还是有所帮助，但是一旦补过了，造成营养过剩，会引发高血压、高血脂、高血糖，反而成了病因。再比如宠爱子女，适当地宠爱无可厚非，但是一旦太过，宠溺过了头，就会把孩子给毁了。溺子如同杀子，恩爱生出祸害。再比如汉元帝治国，由于汉元帝本人过于偏好儒家，过于偏用儒家的东西，使得西汉由盛转衰，自此走向衰落。至于经济上的大过，例如二十世纪八十年代，日本的房地产一热再热，形成巨大的泡沫，并在一夜之间崩盘，令日本经济一下子倒退了二十年。

“栋桡，本末弱也。”大过卦，从上下卦象来看是泽灭木，从全体卦象来看是“栋桡”。大过卦的初爻、上爻为阴，中间四爻为阳，以房子来论，初爻等于是房子的基础，上爻等于是房子的梁栋，基础和梁栋全是阴柔的，说明这栋房子的基础不牢，栋梁弯曲，本末皆弱，是个危房。就国家而言，“本末弱”就是百姓和皇室都出了问题，百姓不安，皇室动荡，国家正在遭遇危难，所以大过属于灾难之卦。总之，不管是“泽灭木”，还是“本末弱”，都表示灾祸，意味着多事之秋。

“大过，大者过也。”非常之世必出非常之人，非常之人必有非常之手段，而这个非常手段也就是“大过”。例如，开刀做手术属于非常手段，是“大过”，因为好人是不会开刀的，只有病到一定程度迫不得已才去动刀。乱世用重典，危世启兵锋，重典与战争也都是过头、过分的做法，远超常规之理。然而，恰恰是这些非常规的手段才能够有效地拯救混乱，解除灾难。“大者过也”就是大人物采取极端的手段来拯救危机。

“刚过而中，巽而说行，利有攸往，乃亨。大过之时大矣哉。”采用过刚过激的办法叫“刚过”，也就是上面提到的非常规手段。“中”是恢复、还原。问题出在“本末弱”，就把本末问题解决；问题出在“泽灭木”（能够载舟与覆舟的水）就去安抚百姓，把覆舟之水变成载舟之水，把本末弱的梁栋给它加牢加固，就“中”（恢复和还原）了。灾难解除，百姓顺从而喜悦，这时候再去做任何事都会畅通无阻。

“君子以独立不惧，遁世无闷。”解救大灾大难需用非常之法，既然是非常之法，必然不被世人所认可，会遭到诘难与孤立，甚至会遭受到迫害与诛戮。例如商鞅推行变法，如果不是秦孝公的全力支持与信任，早被人给砍了，但在秦惠王继位后亦难免车裂之祸；吴起在楚国变法，到楚悼王逝世后被人乱箭射杀；至于一心变法图强的屈原也被君臣所孤立，在国破家亡时，只得投江明志。所以，君子身逢乱世，拯济危亡，不惧怕孤立无援，不在乎世人的不理解。

习坎
——重重危险

人的一生不知要经历多少坑坎，跌倒了爬起来，在艰苦中成长。国家发展不知要经历多少挫折，摔倒了站起来，在险难中前行。

坎是坑坎、陷阱，引申为危险。

“习坎，重险也。”习是重复。习坎是一道道坑坎，重重的危险。六十四卦中，坎卦很特殊，前缀了个习字，唯此一卦，余者皆无。

“水流而不盈，行险而不失其信。”一般的坑坎都可以注满水，无法注满水的就只有形势险峻的山川峡谷了，“水流而不盈”说明了什么？说明了形势的险峻，危险到了极致，到了这时更要坚定自己的信念，勇往直前不畏艰险，“行险而不失其信”。

“维心亨，乃以刚中也。”坎卦的通达不在于外界的环境，而在于内心，因为局面依然危险重重，这时候最为宝贵的莫过于信念，有了坚定的信念就没有克服不了的困难。“维心亨”即维系于心亨，“心亨”用现在的话说就是积极的态度和乐观向上的精神。

“行有尚，往有功也。”光是有乐观向上的精神还不够，还要有积极的行动，奋勇向前，遇山开山，遇水搭桥。天下大事没有不经历重重危险的，事越大风险系数就越高，只有闯过了重重危险才能建功立业，才能取得成功。

“天险不可升也。”落差极大的高山大川，坑道极深的大江大河，形势险峻的交通要道，对于交通工具相对落后的古人而言都叫作天险。天险无法攀登，无法逾越。例如刘备借助巴蜀天险，孙权依靠长江天险，与实力强大的曹魏抗衡，形成鼎足之势。

“地险山川丘陵也。”比天险差一级的是地险，诸如山川丘陵一类的。对古人而言，天险是无法翻越渡过的，地险虽能越过，但却相当危险麻烦，所以古时候的都城大都建在天险、地险环卫的地方。

“王公设险以守其国。”比地险更差一等的是人险。人险就是人工建造的城池，人们模仿山脉建造了城墙，模仿江河开挖出护城河，城池就是人设的坎险。

天险、地险、人险凸显了坎卦的功用和价值。虽说危险对人们来说不是好事，但危险也并非一无是处，利用好了也可以起到很大的作用，像都城的选址，城池的设置，都说明了这一点。再比如军队、警察、监狱等也都属于人设的危险，是无形的城池，用来保障人民群众的安全。

“水洊（jiàn）至，习坎。君子以常德行，习教事。”洊是指水连续不断的样子。水不会因为危险而停止片刻，依然会不断地前行，君子也不会因为危险而止住脚步。世间最大的坑坎是人心的高下不平，而非山川丘陵；世间最大的危险是人心的阴暗险恶，而非高山大川，“人心惟危”，人心才是最危险的东西，这也是古今中外一切圣贤的最大隐忧。所以老子提倡的道德，墨子提倡的仁义，孔子提倡的礼乐，商鞅提倡的刑法，全都是用来防范人心的精神城池。周公普及诗书礼乐，以规范人心，大夫公卿经过反复地学习，将自己的心训练得服服帖帖，美言善行，民众看到后争相效法，社会风气因此日趋纯良，而良好的风俗又为整个社会构筑了一道牢固的道德城池，用现在的话说就是道德舆论。

人心平则天下平，人心险则天下险。

离

——附着与光明

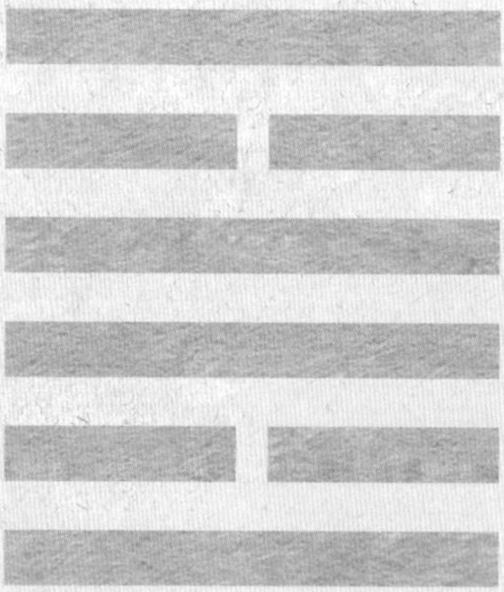

风雨过后是彩虹，坑坎过后是平坦，习坎过后是日月当空，天下文明。离卦，代表着光明，代表着日月，代表着圣贤主政。

“离，丽也。”“麗”是“丽”字的繁体，由丽与鹿会意，丽是鹿角，鹿角附着在鹿的头顶，装点鹿的美丽，所以“麗”字的本义是附着，引申义是美丽。

“日月丽乎天，百谷草木丽乎土。”离卦属火，火这种东西是无法独存的，必须依附在草木、煤炭、石油、天然气、钨丝、荧光粉等物体身上，经过燃烧，才能够发热发光。不仅火与鹿角，万物皆有自己的依附对象，像日月依附于天空给天空带来灿烂，草木依附于大地给大地带来锦绣。再如眉眼依附于人脸，花果依附于树枝，树枝依附于树干，羽毛依附于飞禽，爪牙依附于猛兽，花纹依附于物品，子公司依附于母公司，藩属国依附于宗主国等。

“重明以丽乎正，乃化成天下。”这一句说的是人事上的依附。古人将天下大治比作日月丽天，日和月同时挂在天上，故称“重明”。天下大治依附于政治清明，政治清明依附于为官清正，为官清正依附于圣贤执政，圣贤执政依附于正道。日月比喻圣贤，由圣人做天子，由贤人做宰辅，圣贤重明于朝，则百官正、政治清，然后化成天下。

“柔丽乎中正，故亨，是以畜牝牛，吉也。”这一句是借用牝牛来比拟离卦。牛角虽然锐利，但牛的脾气却十分温和，以此来说明离卦内阴外阳、内柔外刚的特点。用在人事上，就是外表刚强，内心端正柔顺，如此待人处事，必然亨通吉利。

“明两作，离。大人以继明照于四方。”清明的政治需要持续性，这就要求在位者和继承人都是圣贤，像尧、舜、禹之间的禅让就是一个例子，其后像汉文帝、景帝、武帝的先后相继，唐太宗、高宗、武曌、玄宗的前后相承，都属于这一卦象。明喻大人，大人之间的权力交接就是“继明照于四方”。

以上说的是附着之麗和光明之离，似乎都与离的字义没有关系。那么离到底是什么呢？是罗网。繁体的“離”字左离右隹，离是网，隹是鸟，意思是捕鸟用的罗网，孔子在《系辞》中也提到：“作结绳而为罔罟，以佃以渔，盖取诸離。”小过卦的上六爻上也标注着“飞鸟離之”，都表明了離就是罗网。其实，仔细观察一下离卦的整体形象，不就是两个上下相连的网眼吗？网是绳子编织的，早期的人类用结绳来记事，结绳是最早的文明符号。

最后总结一下坎离二卦，坎是陷阱，离是罗网，这二卦代表着人类早期的渔猎时代。在农耕尚未普及之前，人们设置陷阱捕获野兽，张开罗网捉取飞禽，撒下渔网捕捞鱼虾。《周易》的上半部终结于渔猎坎离，用意不可谓不深。

咸

——从恋爱到感应再到对立统一

食色是人生的两件大事，也是整个人类的两件大事，渔猎农耕解决了食的问题，那么色呢？所以《周易》下半部一开始，便是男孩女孩互生好感的咸卦。

“咸”字由戌与口会意，戌是斧钺，口是说话，合在一起就是全体将士手执武器大声宣誓，所以“咸”字的本义是呼喊，引申义是全部，又由于将士的吼声震动人心鼓舞士气，还可以引申为感动。

“咸，感也。柔上而刚下，二气感应以相与。”咸是彼此感动、互生好感。咸卦上兑下艮，兑是柔美的少女，艮是刚毅的男孩，青春期的少男少女相遇，燃起浪漫的恋情。从好感到恋爱就是咸卦的卦义。可见，古人并没有那么的闭塞古板。咸卦是少男少女由恋爱到结婚的一个卦，恒卦是婚后夫妻长相厮守的一个卦，咸、恒二卦是下经的起首两卦，足见文王有多重视恋爱婚姻，练达人情世故。孔子编写的《诗经》也将表达男女恋情的《关雎》放在首位，同样说明了这一点。然而，宋朝理学家借鉴了佛教出家人的清规戒律，竟然要求儒生一律严防男女之情，禁锢自己的欲望，大谈什么“人欲净尽，天理流行”，女人死了丈夫硬逼着守活寡，否则这个女人就不干净，何其可笑。

“止而说，男下女，是以‘亨，利贞，取女吉’也。”少男少女有了恋情是不是就可以同居了？“止”，不可以，现在人对这件事看得很淡很随便，但在古时候是绝对不允许的，“止”是就此打住，止于礼，“说”是说媒，需要媒人为双方牵线搭桥。等到两家都认可了，再“男下女”，男方主动向女方下聘礼，订下婚事，确定好婚期，然后抬着轿子到女方家迎娶女孩儿，如此做才算吉利，所以叫“取女吉”。从相爱到说媒，从说媒到订婚，从订婚到迎娶，从迎娶到拜天地、入洞房，这一套程序是必不可少的，所以叫“利贞”，不像现在，男女只要看对了眼就上床。

“天地感而万物化生。圣人感人心而天下和平。”男女相感进而生育下一代，天地相感进而孕育万物，圣人与人心相感进而天下和平。

“观其所感，而天地万物之情可见矣。”天地万物皆有其感应，天地相感是为泰卦，男女相感是为咸卦，雷风相感是为恒卦，水火相感是为既济卦，冷空气与热空气相感是为云雨。那么感应是什么？从哪里来呢？从阴阳中来，从阴阳的对立中来。感应的说法到了哲学里就换了个名字，叫作辩证法，所谓的矛盾的对立和统一，像正电与负电、男人与女人、动的与静的、刚的与柔的、冷的与暖的、明的与暗的……统统属于辩证的关系。辩证法早在三千年前我们的老祖宗就已经含蓄地提出，而且比黑格尔讲的还详细、还全面。如果用哲学的视角去审视《周易》，就会惊奇地发现，我们的老祖宗不仅精通哲学思辨，还把辩证法玩到了出神入化的境地。

“山上有泽，咸。君子以虚受人。”山上有泽，让人联想起了云南的苍山洱海，山顶平广开阔，中间低洼遂形成了一望无际的大海。

咸卦与谦卦的意思很接近，两卦都表示谦虚，只不过，谦卦突出一个下字，咸卦突出一个虚字，下是顾及对方感受放低自己的姿态，虚是彻底地放空无我。在佛教，只有大彻大悟的人才能通达无我，只有明心见性的人才能“以虚受人”。换句话说，只有无我了，才能与大道相互感通；只有虚静了，才能与天地相合为一，所谓的“至虚极，守静笃”。

咸卦为感通，那么为何要去掉下面的心字？因为心是妄想嘛，若是妄想不事先去掉，何来虚静？何来感通？何来无我？

恒

——长久之道

男女结婚组成家庭，一个外出挣钱养家，一个居内相夫教子，然后长相厮守、白头偕老，是为恒卦。婚姻起始于两情相悦的咸卦，归结于天长地久的恒卦。

“恒，久也。”恒就是亘。亘字由二与日会意，或者是二与月会意，二的上下两横分别代表天地，天地日月代表恒久长远，所以亘字的本义为长久。

“恒，亨，无咎。”“亨”是变通。若想长久，首先要懂得变通，变通了才能够不间断地持续下去，才不会出错。反过来说，如果不懂得变通，就会出错，也就无法长久地维持下去。变通是长久的第一法则。

“刚上而柔下。”刚上柔下，男上女下，尊卑有序，主从有别。家庭中男人是一家之主，妻子要服从于丈夫；单位中领导是主事之人，下属要服从于领导。上下有序是长久的第二法则，用现在的话说就是需要有一个明晰的组织架构。

“雷风相与。”雷与风能够彼此帮助，互利共赢，打雷时风能够将雷声传得更远，起风时雷能够助长风的威势。震为长男，巽为长女，长男长女结为夫妻组成家庭，男人在外打拼，女人在内主持家务，彼此扶持，这才是维持一个家庭的长久之计。当然，这种男主外、女主内的情况仅限于过去，现在有所改变，但是夫妻之间相互依托、共同经营的理念却从未变过，依然是“雷风相与”，夫妇互助。互助共赢不光体现在夫妻之间，像朋友之间、公司之间、团队之间、国家之间，也需要这种互助关系，如此才能够长久地维持下去。互利共赢可以说是我们中国文化的一大特色，互助共赢是长久的第三法则。

“巽而动”就是顺着局势的发展变化而采取相应的对策，针对不同的区域、不同的风土人情、不同的合作对象，采取不同的策略。顺势而动是长久的第四法则，如何顺势可参考随卦。

“刚柔相应”就是团结和睦，彼此感应。家庭的各个成员之间、公司的全体员工之间、国家各行各业之间、身体的各个器官之间，能够和睦相处，彼此融洽，如此才能够长久。和睦是长久的第五法则，关于和睦可参考泰、咸两卦。

“恒，亨，无咎，利贞，久于其道也。”恒卦的要点就一个字“久”，长久地做一件事，长久地坚持。

“天地之道，恒久而不已也，日月得天而能久照，四时变化而能久成。”天地也遵循着长久之道，天体长久的运行从来没有停歇过。日月因循于天，所以能够长久照明，能够四季轮转不休。

“圣人久于其道而天下化成。”圣人也遵循着长久之道，长时间从事教化人类的工作。十年树木百年树人，化导人心，转变社会风气，绝非一朝一夕的事，需要漫长的时间，也许三十年、五十年，也许成百上千年，如此一代一代，坚持不懈，薪火相传。

“观其所恒，而天地万物之情可见矣。”世间但凡有些成就的人，都有一个共同的特点，那就是“久”，一件事长久不变地坚持。长久地研究某一领域，不知不觉地成了这个领域的专家；长久地从事某一行业，不知不觉地成了这个行业的领头者。一套学问，一门技术，发财也好，从政也罢，皆是如此。

“雷风，恒。君子以立不易方。”君子立志修行也同样离不开坚持。“立”是立志，立志成为圣贤。一旦确立成圣成贤的志向，剩下的就只有坚持了，不管遇到什么样的情况也不会放弃。“不易方”就是不改变、不放弃。

最后说一说“恒”这个字。心与亘会意，心与天地日月会意，说明了什么？说明了我们的心才是长久的、永恒的、亘古不变的；说明了我们的心能够如天地一般生育万物，三界唯心，万法唯识；说明了我们的心能够如日月一般放射光明，遍照寰宇。圣人就是见证人，一个见证了自己真心的人。

咸卦要人们去除妄想，恒卦要人们见证真心，所以，一个无心，一个有心。

遁

——隐退逃避

过去的君子，危邦不入，乱邦不居，天下无道则隐。那么为何要躲避危乱之邦呢？因为容易丢掉性命，所以必须及早脱身，远远避开，否则，自己的性命丢了不说，还连累家人，轻则家人因此失去了依仗的靠山，重则家人因此被牵连弄得家破人亡，所以欲令家庭长久，还得要懂得逃避危乱。

“遁”字由辵（chuò）与盾会意，辵是快跑，盾是藏在盾牌后面，合起来的意思是隐遁逃避。

遁卦属于消息卦，对应着六月的小暑、大暑，这时天地间的阴气逐渐起势。就人事而言，小人开始吃香。

“遁亨，遁而亨也。”小人的势力日渐强大，有鉴于此，君子应该赶紧隐遁，避免遭到伤害，如此才亨通，才不会出事。

“刚当位而应，与时行也。”要及早认清不利的形势，急流勇退。“刚当位”，说明局面依然一片大好，还看不出丁点儿不利的苗头，此时应当选择退隐，早退早安全。例如郭子仪，每次平定叛乱，马上交出兵权，早早地告老还乡，如此才保住了自己的身家性命。眷恋权势是人们的通病，历史上极少有人能够做到急流勇退，大多是功成名就后死也不肯退出，殊不知危险已然在不知不觉中悄然近身了，这类的例子非常多，史书上比比皆是，像汉朝的韩信和清朝的年羹尧，就是未能功成之后急流勇退，才招致了杀身与灭门。

“小利贞，浸而长也。”这句话说的是君子与小人的力量正在此消彼长，小人的势力日益壮大，君子的势力日益萎缩。虽然君子式微，但由于君子的力量还在，朝中的正气尚未完全消失，所以“小利贞”。

“遁之时义大矣哉。”衰乱将来当隐遁，但隐遁也需要技巧，尤其有三点需要特别注意：第一，要早，见机要早，不要等到满朝廷都是小人了再走，那时就走不了了，想逃也逃不掉，所以越早退出越安全；第二，要快，逃离时不可以犹豫不决，不可以拖泥带水，要舍得放下眼前的功名利禄、财富人脉，如果依旧眷恋不舍，贻误了逃命的良机，就有可能把自己拖入绝境；第三，要远，逃得越远越好，远离是非之地，越远越安全。

“天下有山，遁。君子以远小人，不恶而严。”天下之大何处才是安身之地？既然庙堂不可留，隐匿山中做一介隐士，未尝不是一件妙事！须知人入了山就是个仙，所以叫“天下有山，遁”。当然了，小人是无处不在的，山里也有小人，那么如何与小人相处就成了隐遁的关键。“远小人”，不一定刻意地厌恶小人，只需在小人面前严肃些，摆出一副公事公办的样子，自然就达到拒小人于千里之外的目的。所以遁有两种遁法，一种是远远地离开，一种是用态度拉开彼此间的情感距离。不过，如果把冷漠的态度用到亲人身上就变成冷暴力了。

大壮

——强壮

“穷则独善其身，达则兼济天下。”“独善其身”说的是之前的遁卦，妥善保护好自己。“兼济天下”说的是此处的大壮卦，天下局势一片大好，正是君子奋发有为、一展壮志之时。

大壮卦是消息卦，对应着二月份的惊蛰、春分，是泰卦的延续，阳气到了这个时候越发壮盛，此时万物壮美无比，所以叫大壮。古人以三十岁为壮，壮年正是人生中体格最为强健的时候。

“大壮，大者，壮也。”“大”指大壮卦的阳爻，这四个阳爻联排而上，强势无比，而且还在不断地壮大之中，所以叫“大壮”。

“刚以动，故壮。”“壮”到什么程度呢？就像天体的运动，刚猛无俦；就像二月的草木，生机勃发；就像三十岁的身体，生命力旺盛，精力无穷。

“大壮，利贞，大者正也。正大而天地之情可见矣。”“大”到什么程度呢？三十岁，正值风华正茂，可以如大地般地负重，勇于承担，厚德载物；可以如天体般地前行，不知疲倦，自强不息。“大壮”，正是人生的大好时光，故冠以“正大”之名。

“雷在天上，大壮。君子以非礼勿履。”雷上于九天，声震万里，这得多大的阵势和威力。就人事而言，只有掌控国家机器，拥有着举世财富的人，才有这个资格。此人随便打个喷嚏，天地都要跟着颤抖。然而，物极必反，盈满须亏，如果不懂得收敛自己，不懂得谦逊礼让，一味地恃强好胜，骄傲出格，蔑视一切，再盛大也不过是昙花一现，转瞬即逝。例如，强大的罗马帝国一夜之间灰飞烟灭，壮丽的大唐盛世忽然之间败坏凋零，国家尚且如此，何况是个人。

晋

——晋升、出名

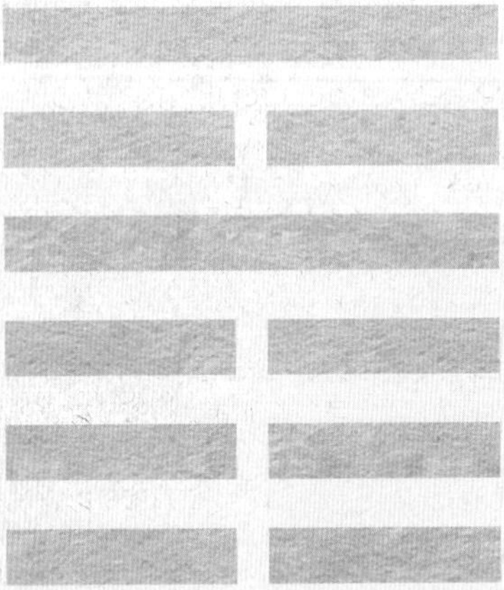

如何“兼济天下”呢？便是此处的晋卦，君子扬名立万，出仕为官，造福一方。

“晋，进也。”晋字从臸从日，意思是太阳初升，草木沐浴在晨光之下幸福成长，所以晋的本义是上进。在晋卦里，晋还有升官晋爵的意思。

“晋，康侯用锡马番庶，昼日三接。”“晋”是晋升，谁晋升呢？“康侯”。“康侯”被赐予车马，还有好多的物品，一日之内得到明君的多次接见，恩典之隆，宠爱之深，足见明君对康侯的重视。

“明出地上，顺而丽乎大明，柔进而上行。”晋卦上离下坤，离为光明，坤为顺从，光明是贤臣的品性，顺从是贤臣的姿态。品性才是一个人的根本，所以“顺”从的姿态需要依附于“大明”的品性，“丽”是依附的意思。“柔进”与刚进相反，刚进是积极主动，主动找领导要官要权，主动打通人脉关系寻求进步；“柔进”是被动等待，等待被领导发现，等待提拔重用的机会。

“明出地上，晋。君子以自昭明德。”太阳跃出地平线，光芒万丈，为世人所瞩目，所以叫晋。这个日出的光芒是个比喻，比喻君子的盛名远播四方。要想得到世人的关注，首先需要修身立德来使自己的心地光明，自己觉悟之后再去带动周围的人，一同修身立德，一同觉悟，君子的名声因此渐渐地传播开来，名扬海内外，这个过程就叫作“自昭明德”。儒教之所以被后人戏称为名教，原因就在于此，格外珍视自己的名声，用现在的话说就是好面子，将自己的名声看得比命都重要。

想要升官，一方面要遇到明君，得到明君的赏识；另一方面还要出名，令自己的名声在外，广为人知，尤其要让举荐之人知道。过去的大臣有一项重要的工作，就是为国家发现人才，向国君推荐人才，如果士子一辈子籍籍无名，没人知道，名声不显，让举荐者无从得知，也就因此失去了晋升的机会，纵使再有学问、再有本事也无济于事。“柔进”与“自昭明德”是相互关联的，被动等待上面提拔的同时，还需要有一个前提条件——出名。

明夷

——光明消失、装糊涂

明君临朝，宛如日月当空，正是君子施展抱负的时候，但是，如果换作是暴君，则会变得人人自危，性命朝不保夕，命悬一线，当此之时，国家昏暗，日月无光，是为明夷卦。

明夷，先看“夷”字，由弓与箭会意，意思是消灭敌人获得平安，所以“夷”字有损伤、消灭、和平三种含义。“夷”字在明夷卦中作损伤和消灭讲，所以明夷的意思就是光明受损或者光明消失。

“明入地中，明夷。”太阳运行到地下，黑暗降临，光明消失，所以叫“明夷”，反映到人事上，正值昏暗残暴的国君当政，乃是至暗时刻，危难之世。

“内文明而外柔顺，以蒙大难，文王以之。”明夷卦坤外离内，表示内守文明外示柔顺，周文王就是用这种办法应付纣王，才躲过了杀身之祸。“内文明”，对于自身的处境和昏君的残暴看得很清楚，“外柔顺”，外示柔顺虚与委蛇，任由昏君羞辱，不敢有丝毫抵触，这才熬过了“大难”，这是属于文王的明夷。

“利坚贞，晦其明也，内难而能正其志，箕子以之。”文王虽然蒙受“大难”，但毕竟远离纣王，不像箕子，就生活在纣王的眼皮子底下，是为“内难”。距离如此之近，该怎么办呢？“晦其明也”，也就是装疯，披头散发疯疯癫癫的。“能正其志”，外表虽在装疯，但其操守却从未改变，这是属于箕子的明夷。

明夷卦的六爻各有所指，初爻是姜太公，逃离殷都。二爻是文王，外示柔顺。三爻是武王，起兵讨伐。四爻是微子，隐遁荒野。五爻是箕子，佯装癫狂。六爻是纣王，昏暗之主。对待明夷之难，或逃，或顺，或伐，或遁，或癫，方式虽然各有不同，但目的却只有一个——活命。

“明入地中，明夷。君子以莅众，用晦而明。”如果说晋卦的“自昭明德”是为臣之道，那么明夷卦的“用晦而明”就是为君之道了。“用晦而明”不同于箕子的“晦其明”，乃是领导艺术。古人认为作为领导一定不能看得太清楚，听得太明白，尤其是做天子的，要黈（tǒu）纩塞耳，冕旒垂目，耳朵里塞上个黄色棉球，眼前挂着一排玉串，听也听不太清，看也看不太明，天子如此装扮不是为了标新立异，而是为了不断提醒自己，对臣子的小事情及小过失不可太认真，要装作看不见、听不见，除非遇到了大是大非，面临生死关头。平常一定要揣着明白装糊涂。有道是“水至清则无鱼，人至察则无徒”“不聋不痴，不作阿姑阿翁”。治国如是，治家亦如是。想象一下，作为一国之主或一家之主，下面黑压压的一大帮子人，全都是人心隔着肚皮，如果不装聋装瞎、装糊涂，想治理好，门都没有。

卦中介绍了明夷卦的体和用，明夷卦的体是昏君当政，朝廷昏暗，明夷卦的用是领导者揣着明白装糊涂。其余的像大过卦、坎卦、睽卦也都如此，卦的体与用各自独立，意思并不一致。

家人

——风自火出

邦国无道，君子应当隐遁，当然也不一定非得隐匿于深山老林，只需回归自己的家庭就可。家才是这个世界上最温暖、最安全、最舒适的避风港湾。

“家人。利女贞。”“家”字由宀与豕（yín）会意，宀是房屋，豕是古族字，意思是一族人住在一起，所以家人就是一家人、一族人。过去，家务全由女性操持，所以叫“利女贞”。

“家人，女正位乎内，男正位乎外。男女正，天地之大义也。”过去男主外女主内，男人负责在外面工作挣钱，女人负责在家里操持家务。男女分工就像是天地分工，天在外忙碌地运行着，地在内安静地生养万物。

“家人有严君焉，父母之谓也。”过去的家人不同于现在的三口之家，是一个庞大的同姓家族，人数成百上千，由族长统一管理，就如同一个小型的国家，族长、父母等同一国之君。另外，家是一个讲亲情的地方，容易放松对子女的管束，所以用“严君”来提醒父母在疼爱子女的同时，别疏忽了管教。但是总觉得，后世的儒教，尤其是经过理学家的更改，却走向了另一个极端，过于严厉了。

“父父子子，兄兄弟弟，夫夫妇妇，而家道正。正家，而天下定矣。”

一家人相处，需要各尽各的义务，做父母的要有做父母的样子，做子女的要有做子女的样子，父要慈，子要孝，兄要友，弟要恭，夫要义，妇要顺，这就叫作“父父子子，兄兄弟弟，夫夫妇妇”。每个人都扮演好自己的角色，这个家就和睦了，就正了；等到家家都和睦了，都正了，“天下定矣”。这便是齐家、治国、平天下。

“风自火出，家人。君子以言有物而行有恒。”家人卦，上风下火，本来风是外缘，风助火势，可是一旦火势变大，反过来会助长风势。这就如同男人在外面混好了，女人在家里过得舒心些，反过来，女人将家务打理得井井有条，关系处理得温馨和睦，男人在外面更容易成功。这一点与恒卦的“雷风相与”相同。但是，孔子写到了这里突然笔锋一转，将话题引向了他处，“君子以言有物而行有恒”。男人是一家之主，在外面劳累了一天，回到家里，理应放松心情，说话不要那么拘谨，行事不要那么讲究，坐姿无须那么挺拔，走路无须那么规矩，散漫一点、随便一些也未尝不可，这样行吗？好像不怎么行，好像孔子不大乐意。因为男人是一家之长，是老婆、孩子、弟弟、妹妹的榜样，是全家人学习的模范，一举一动如何可以越了礼法？一言一行如何可以坏了规矩？如同《诗经》上讲的“刑于寡妻，至于兄弟，以御于家邦”，这便是“风自火出”，由内而外，也正是修身、齐家、治国平天下的精义所在。

不过在未来社会，家庭形式有了很大变化，有些男女都是拍拖一下，事后就散伙，一切都是激素说了算，人们又好像回到了只知有母、不知有父的母系时代。

睽

——分离

有幸福的家庭，就有不幸的家庭。幸福的家庭人人和睦，不幸的家庭自相乖离。族内兄弟反目，各奔东西，家族因此肢解，是为睽卦。

“睽，小事吉。”睽的意思是分离、脱离。做大事需要众人的同心同德，齐心协力。如今脱离大众，孤立无援，只可以做点力所能及的小事，所以“小事吉”。

“睽，火动而上，泽动而下。”“睽”字的图像是同在一张脸上的两只眼睛所见各异，两眼同面而不同见，所以叫作睽。睽卦上火下泽，火与泽同属阴类，但是离火与泽水性质相反，二者同类而不同性，所以叫作火泽睽。

“二女同居，其志不同行。”离为中女，泽为少女，姐妹俩虽是一母所生，一家之人，但是长大后，各有所归，分别嫁进不同的人家，所以“二女同居”而“不同行”。

以上是同中存异的睽，下面是异中求同的睽。

“说而丽乎明，柔进而上行，得中而应乎刚，是以小事吉。”离开大众，变得孤立无援，这时候就急切地需要有一个强有力的靠山，讨取靠山的欢心，听从靠山的安排，所以“小事吉”。在这个世界上，完全孤立的东西是没有的，所以姐妹离开了父母，又各自加入了新的家庭，成为夫家一员；火与泽分道扬镳后，火向上燃烧依附于天，泽向下流淌亲附于地。这就是分而后合，异中求同。

“天地睽，而其事同也。”宇宙初开，谓之混沌，从混沌中一分为二，轻清者上升为天，重浊者下沉为地，这个过程就叫作天地睽。分出天地后，天与地相交化育出万物。换个说法，如果没有天地的睽离，依然是混沌一片，又哪儿来的万物？

“男女睽，而其志通也。”在性别上，男女童年时没什么区别，直到性成熟后才凸显出来，这叫作男女睽。分出男女后，男女相互感通组成家庭，传宗接代，绵延不绝。在家庭上，男女分工，男主外、女主内也是男女睽，一个负责外出赚钱，一个负责料理家务，共同支撑起一个幸福美满的家庭。

“万物睽，而其事类也。睽之时用大矣哉。”混沌分化出天地，人分化出男女，足见睽卦分离的重要。睽与明夷、坎、大过一样，看似是一个不吉利的卦，但是细细分析其功用，却是功效浩大，丝毫不输于乾坤。万物的多姿多彩，自然的绚丽壮美，都是从睽卦的分离中来的。再比如现在人类社会的分工越来越细，职业的种类越来越多，这一切也都是睽离之象。

“上火下泽，睽。君子以同而异。”火处上，泽处下，睽。就像员工同在一个单位，职位、级别各不相同，同事而不同职。

不是一路人，处不到一块去，是为睽。

蹇

——蒙难遇险、化险为夷

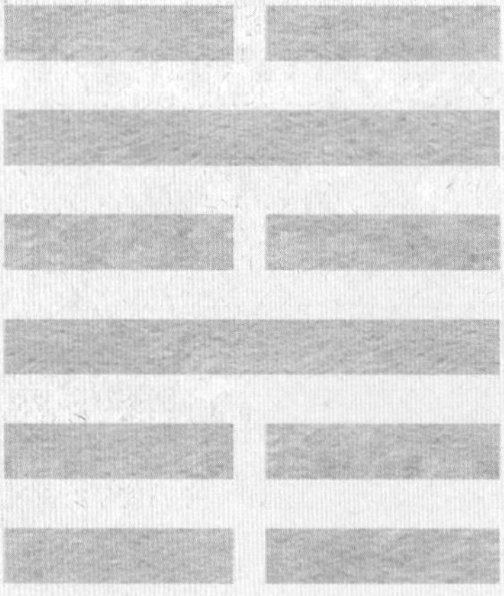

连自己的亲兄弟都容不下，还能容下谁？骨肉乖违者，凶危立现，所以睽卦之后紧接着是蹇（jiǎn）卦。前有大江拦挡，后有高山阻隔，前不能进，后不能退，自身又无法立足，可谓是千钧一发，危急万分，是为蹇卦。

“蹇，难也。”水山蹇卦，水山与蹇会意，蹇是跛脚，水山是雨天的山路，想象一下，下雨天瘸腿瘸脚地行走在湿滑难行的山路上，一不留神就会跌下山崖，是多么的危险，所以蹇卦是蒙难遇险之卦。

“险在前也，见险而能止，知矣哉。”坎为险，艮为止，见到前方有危险，能够及时地停下来，才是明智之举。换句话说，如果已经觉察到了危险，还不马上停下，还硬着头皮继续往前闯，逞一时的匹夫之勇，必然越陷越深，以至于蒙受更大的灾难和损失。化解危难的第一步——赶紧停下来。

“蹇，利西南，往得中也；不利东北，其道穷也。”西南是道路平坦的坤地，东北是山路险峻的艮地。光是停下来还不成，因为还没有脱离险境，还需要仔细地审查周边地形，努力地找寻出路，尽可能地选择平坦好走的路，避免坑洼险途，这是化解危难的第二步——选择好走的出险道路。

“利见大人，往有功也。”出路选好了依然还不够，因为还瘸着呢，还需找人帮忙“利见大人”，或是担架，或是搀扶，如此才能最终脱离险境，这是化解危难的第三步——寻求贵人的帮助。

“当位贞吉，以正邦也。”山路遇险是个比喻，就国家而言，蹇卦意味着国家蒙难。“当位”说明遇到困难时，君臣能够精诚团结，上下一心，互信互助，共渡难关。“正邦”说明在君臣的努力下，国家脱离了险情。至于如何令国家脱险，解决的办法一如前面一般分为三步，第一步是改革弊政，终止错误的方针路线，第二步是选择一条平安稳妥的出路，制定相对安全的政策，第三步是求助于贤能或者是他国的帮助。

“蹇之时用大矣哉。”有危难并不可怕，只要众人齐心协力，众志成城，就没有过不了的关坎。化险为夷，安邦定国，不失为大功一件。

“山上有水，蹇。君子以反身修德。”灾难化解后，君子就需要反思了，灾难是怎么来的？是因为湿滑的山路？还是因为瘸腿跛脚？还是因为没有外援？其实，细细分析起来，这三条都不能算，要继续地深挖，从根源上寻找，自己当时是如何步入险境的，是如何跛脚的，以及如何丢失那些外援的。把这些原因找到，分析到最后，才恍然大悟，原来问题全部出在自己身上：如果当时谨慎点儿没有入山，如果当时小心点儿没有跛脚，如果当时维系好那些外援，灾难压根就不会出现。所以“君子以反身修德”，事后做深刻的自我检讨，从自身寻找原因，避免将来再犯同样的错误。

解

——解除危险

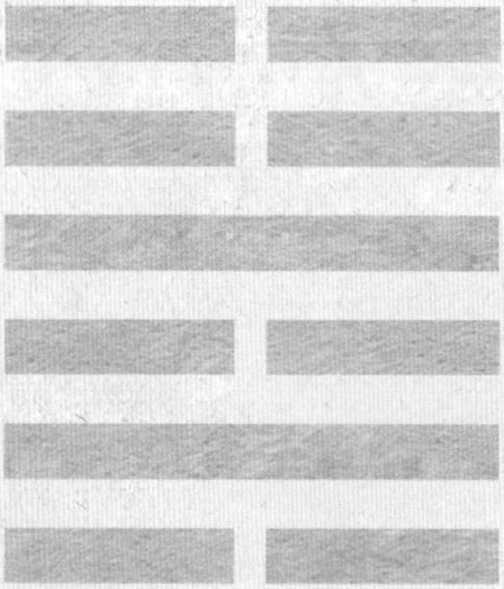

有危难就要想方设法化解，所以蹇难之后是解卦。

“解”字的画像清晰明确，由角、刀、牛会意，意思是用刀割下牛角，引申为化解危险。因为牛角会伤害到牧场主和牛群，所以早早地割掉牛角，就把潜在的危害解除了。

“解，利西南，往得众也。”西南是坤卦方，代表大众，“利西南”就是惠及大众，牛角割除了，牧场里的人畜得到安全保障。“往得众”，为人们解除危险，得到人们的好感与信任。

“无所往，其来复吉，乃得中也。”这一句说的是提前预防。“无所往”是即使没危险，也要例行检查，看看牛角长出了没有。“其来复吉，乃得中也。”检查的结果很好，牛角还没有长出来，一切复归原样，平安大吉。

“有攸往，夙吉，往有功也。”检查时一旦发现牛长出了犄角，就需要及早处理，如此才能平安无事。如果放任不管，等到犄角长长了伤到人畜，就悔之晚矣。“夙”是早，危害早发现早处理，如此才吉，才算有功。

“解，险以动，动而免乎险。”雷、水、解卦，雷为动，水为险，解为解决，三者会意，意思是只需要动一下危险便解除了。从“解”字本身也可以得到这样的结论，只要一刀下去，牛角掉了，危险就没了。一动就脱离险，完全突出了一个快字，果断迅速，不动则已，一动就把危险给灭了。像九二爻的猎狐，还有上六爻的射隼，都说明了这一点，狐狸极度狡猾，隼体积小飞得快，如果动作不果断不迅速，就极易失手，不但捉不到狐狸、射不下鹰隼，还有可能永远地失去机会。

归结起来，解卦有上、中、下三策：上策是预防，防患于未然；中策是尽早，灭患于萌芽；下策是迅速，除患于一瞬。

“天地解而雷雨作，雷雨作而百果草木皆甲坼。解之时大矣哉。”古人认为，天地不交就不会有雨，时间久了就会出现旱情，土地干涸，草木枯萎，所以天地不交是天地的灾难。天地的旱情只有雷雨方可化解，一打雷一下雨，灾难马上解开，百果草木得到滋润，地里种子破壳而出。

“雷雨作，解。君子以赦过宥罪。”暴雨也是一种灾难，长时间的暴雨有可能引发洪涝、泥石流等灾难，所以下暴雨时最期盼的是雷声大作，只要雷声一响，强烈的对流天气立马消解，没一会儿，雨便停了，所以叫作“雷雨作，解”。用雷雨解比作人事，打雷比作刑罚，暴雨比作犯罪，暴雨因打雷而停止，犯罪因刑罚而杜绝。刑罚的设置是希望通过惩罚罪犯，一方面令世人引以为戒不去做坏事，另一方面令罪犯为自己的过错付出代价，从此改过自新不敢再犯，所以刑罚的目的是杜绝犯罪。犯罪既是个人的灾难，也是社会的灾难，如果司法人员一味地蔑视罪犯，痛恨犯人，以惩治犯人为乐，见到犯人受刑遭罪就开心，这就完全背离了先贤设立刑罚的初心与原则。所以司法者一定要具备同情心，视罪犯为亲人，对于那些无心犯过的要尽量予以赦免，对于那些苍老、年幼、精神失常的也要尽量地宽宥他们的罪行，罪行轻的直接无罪释放。

旱涝是天灾，犯罪是人祸，欲解天灾人祸，请细解此卦。

有一天，笔者外出散步，半路遇上暴雨，躲在报亭下很长时间，忽听阵阵的雷声，不一会儿，雨停了。这是笔者亲历过的“雷雨作，解”。

解字有两种发音，读作 jiě 时表示正在解决问题，读作 xiè 时表示问题已经解决。解字在卦辞里读 xiè，在爻辞里读 jiě。

损

——减损、剥削

化解难题时，不可能方方面面都照顾到，总有一部分人得益，一部分人受损，这就是损卦和益卦。不是有这么一句农家谚语吗："做天难做四月天，蚕要温和麦要寒。行人望晴农望雨，采桑娘子望阴天。"你看，连老天爷都做不到的事，何况我们人类？

"损，损下益上，其道上行。"损是减损。减损谁呢？减损底层的人民。增益谁呢？增益上层的士大夫。用现在的观点就是统治阶级剥削广大的劳动人民，向人民收赋税和征徭役。

"损，有孚，元吉，无咎。"吸食别人的劳动成果，坐享其成不劳而获，总得有一个令人信服的说法吧，例如"劳心者治人，劳力者治于人"，再例如"受命于天""天命所受"等，劳动人民接受了这一说法才不至于闹事，统治者才能够"元吉，无咎"。否则，一旦人民不信了，谁还会心甘情愿地继续被人盘剥下去？一定会振臂高呼"王侯将相，宁有种乎"，揭竿而起，造反革命，到时候士大夫再想"元吉无咎"已是不可能了，甚至连自己的小命都保不住。

"可贞，利有攸往。曷之用？二簋可用享。"劳动人民奉献出自己的成果，是否出自真心？就像祭祀，不在于祭品的奢华，而在于祭祀之人的诚心，如果心真诚，哪怕是简陋的二簋之物也可以进献给上帝。

要明确百姓的付出是主动自愿的，还是迫不得已的。

“损下益上”就是损民益君。剥削者贵在取信于民，被剥削者贵在真心奉君。

“损刚益柔有时，损益盈虚，与时偕行。”自从有了阶级，“损下益上”的剥削制度就成了人类社会的常态，但也存在一些特殊情况，例如，汉武帝讨伐匈奴，耗尽了百姓的财力，死掉一半的人命，人民无怨无悔。苏联初期，政府压榨农业以补贴工业，也是损下益上的特例。西方人的殖民政策也是典型的损下益上，一群人奴役另一群人，当然，殖民方式也不是一成不变的，随着历史的进步在一步步地转变，由一开始是赤裸裸的城邦殖民，变成后来借助当地傀儡政府的半殖民，再到之后的经济殖民，发展到今天演变为科技殖民，盘剥的方式越来越隐蔽，吸血的手段越来越高明，而其程度却是越发严重了。

“山下有泽，损。君子以惩忿窒欲。”山下一片汪洋，潮水不停地侵损山体，崩塌乃是早晚的事。王侯、士大夫的财富已经够多了，却还在无休止地盘剥百姓，崩塌也一样是早晚的事。上层剥削下层是源于人心的贪婪，下层不堪压迫暴动反抗是源于人心的忿恨。贪婪和忿恨是一切罪恶的根本，是一切灾难的源头，天灾人祸也全是因为这两种心理感召来的，君子修行无非是减损这两样东西，所以“惩忿窒欲”，损之又损。

损卦是剥削之卦。剥削观点我们也比西方早提出了三千年。

益

——益民

损卦和益卦都是以底层的百姓作为标准。损卦以损害了百姓的利益为损，益卦以增加了百姓的利益为益。那么，为何要取百姓的利益为基准，而不是选择高贵的士大夫呢？其实道理很简单，就是以民为本，民本思想，民为贵，社稷次之，君为轻。民心即是天心，民意即是天意，可以说，以民为本的思想在我们传统文化中占有很重要的地位，这个观点并非孟子最先提出，而是早于孟子至少五百年的《周易》里就已经提出，也就是此处。套用西方的称呼叫民主，人民当家做主，其实我们民本思想才算是真正的民主，真正地为老百姓考虑做事。

益字的本义是增益。

“益，损上益下，民说无疆。”益卦与损卦刚好相反，损卦是当权者剥削人民群众，益卦是当权者造福人民群众。人民群众得了实惠，自是欢欣鼓舞，喜悦无边。

“自上下下，其道大光。”当权者为民众着想，得到好处的民众自然会全力支持当权者，国家的前途和命运变得一片光明。

“利有攸往，中正有庆。”君民和睦，上下一心，实乃是可歌可庆之事，自此无往而不利，无论做什么事都会顺风顺水。

“利涉大川，木道乃行。”哪怕是涉越大江大河这样的险难，也能够圆满完成。“木道乃行”，意思是水能载舟。巽属木，“木”在这里表示渡河的木舟。

“益，动而巽，日进无疆。”为什么能够得到人民群众的全力支持？因为实施了益民政策，顺应了民心民意，人民群众得到好处，所以国家天天在进步，形势越来越好。

“天施地生，其益无方。”打个比喻，当权者就像上天，人民群众就像大地，上天给大地施了阳气，大地得到阳气后生育万物，自然是利益广大，无边无际了。

“凡益之道，与时偕行。”利益民众的常用办法是尽量减轻民众负担，轻赋税、薄徭役。当然非常时期遇到特殊情况，还需要拿出具有针对性的办法，比如，及时援助遭受自然灾害的群众，发放赈灾粮、救济款，进行灾后重建，灾年荒地零赋税、零徭役等。

“风雷，益。君子以见善则迁，有过则改。”“风雷益”卦对应着二月的惊蛰，先是春雷阵阵唤醒了万物，然后是春风吹拂滋养了万物，万物欣欣向荣，这个过程就叫“益”。不论是天地“益”万物，还是当权者“益”民众，其最初的发心均是出自利他，这与损人利己的损卦截然相反。“恶”来自损人利己，“善”来自济人利物，君子修行无非是弃恶从善，见到济人利物的事就尽心尽力地去做，万一出了点差错，犯了无心之过，也要及时改正。有心的是罪，无心的是“过”。

夬

——决断

有些问题涉及的范围比较大，涉及许多人甚至是全体人群的利益，例如前面的损卦和益卦；有些问题触及的层面比较小，只需要触动个别人的利益，拿掉一两个人就成了，例如本卦的夬卦。就像身体上长了疖子、脓包，割掉就好，简简单单的，不需要开膛破腹，大动干戈。

夬字的图像是一只手在切割玉石，意思是决断。

“夬，决也，刚决柔也。”夬卦与剥卦刚好相反，剥卦是五阴剥离一阳，夬卦是五阳决断一阴，所以夬卦就是处决、决断的意思。另外，夬卦也是消息卦，对应着三月的清明、谷雨，是春季的最后一个月，这时天地间只剩下一点阴气浮在表面，等待被阳气处决，直到这一点阴气也被阳气取代了，就进入了六爻皆阳的初夏。

“健而说，决而和。”五阳处决一阴需要注意方式方法，不可以一股脑地干掉，在摧枯拉朽的同时还要取得欢喜的效果。这就意味着刚猛决断必须兼顾柔和，不可一味地粗暴。例如，斯大林进行党内大清洗，屠杀大批军政干部，一度造成了苏联权力的真空，这就给希特勒乘虚而入制造了机会，纳粹一度打得苏联落花流水，一溃千里。斯大林的清洗就明显地做过了，过于悲剧，过于粗暴，给自己留下了无穷后患，差一点就亡党亡国。

“扬于王庭，柔乘五刚也。”一阴骑在五阳的头顶，五阳无法忍受，决定干掉一阴。处决一阴的场所在王庭，也就是说要将此事公布于大庭广众之下，让所有人都知道，不藏着掖着。

“孚号有厉，其危乃光也。”“号”是在王庭举办公审大会，向大众公布一阴的种种罪行。“孚”是令大众信服。“有厉”说的是一阴，即将被处置，处境凶险危厉。“其危乃光也”一阴惨淡的结局注定要暴露在光天化日之下。

“告自邑，不利即戎，所尚乃穷也。”这是处决一阴的最终结果。其实，一阴并不是什么大坏蛋，只不过因为能力有限，德不配位，众人不服，大家都想换掉他，所以不能当作敌人对待，诸如杀头、清洗之类的是绝对要不得的，毕竟是内部矛盾，是“自邑”，是自家人。如果粗暴地干掉一阴，就显得过分了，而且会留下种种后患。

“利有攸往，刚长乃终也。”处理了一阴，众君子终于可以松口气了，决定甩开膀子大干一场。

“泽上于天，夬。君子以施禄及下，居德则忌。”夬卦有两幅图像，一幅是五阳处决一阴，一幅是泽上于天。泽是湖泊沼泽，是大量的水，如此多的水飘浮在天上，一旦下起雨来，那得多么大的阵势，形同天河决口，沛然而下，山河、大地、丘陵、平原无不得到滋润。体现在人事上，就是“施禄及下”，制定全国性的政策，令所有机构部门以及广大的人民群众都能得到实惠，获得好处。取得这些政绩后，也不要居功自傲，因为是时势造就了个人的功绩，所以“居德则忌”。

姤

——一切事无不起始于最初的相遇

有些人在我们的生活中消失了，是为夬；有些人在我们的生活中出现，是为姤（gòu）。不管是已消失的还是新出现的，都是我们生命之旅的过客。初次相遇是为姤卦。

“姤，女壮，勿用取女。”姤卦，最下面的阴爻与之上的五个阳爻相遇。就人事而言，阴爻是一位尚未出嫁的女孩，与上面的五个男人都有暧昧关系，说明这个女孩的私生活非常不检点，所以最好不要娶这样的女孩。姤卦是一女遭遇五男，引申为相遇。姤卦也是消息卦，对应着五月的芒种、夏至，正当仲夏，天气湿热严重，所以也叫五毒月，湿是一阴，热是五阳。

“姤，遇也，柔遇刚也。”姤卦就是相遇，一柔与五刚相遇。

“勿用取女，不可与长也。”这样的女孩哪怕是再温柔、再漂亮也不要娶，顶多有一段浪漫的经历，如果硬是娶进家门也不会长久，因为疯惯了的人是不会安分居家过日子的。

“天地相遇，品物咸章也。刚遇中正，天下大行也，姤之时义大矣哉。”如果从相遇的角度看，复卦其实也是相遇，是一阳与五阴相遇，所以，姤卦是相遇，复卦也是相遇。同样的，如果从复兴的角度看，复卦是复兴，姤卦也是复兴，只不过，复卦是阳气的复兴，姤卦是阴气的复兴。所以研究《周易》要灵活，不可死板教条。正是因为有了之前复卦的相遇，阳气一天天的成长，才有了后来的天地交泰，才有了品物咸章，才有了天下大行。同理，正是因为有了之前姤卦的相遇，阴气一天天的成长，才有了后来的秋日大观，才有了天高云淡、硕果飘香，才有了火红金黄的天地气象，所以一切事无不起始于最初的相遇。像文王渭水遇太公，桓公莒道遇管仲，玄德茅庐遇诸葛，司马睿琅琊遇王导，全部缘于最初的相遇，发展到后来是相知相交，再后来是大行于天下，岂非验证了“刚遇中正”的道理？所以说“姤之时义大矣哉”。

“天下有风，姤。后以施命诰四方。”姤卦是上天下风，风从天上刮下来，影响万物，春生秋杀，风行草偃。风就是上天给万物下达的命令。用在人事上就是天子和诸侯颁布诰命。

萃

——聚大众成大事

相遇之后，如果有缘，大家就聚在一起共同做事。聚众做事就是萃卦。

萃字的本义是花草繁茂，引申为聚集。

“萃，亨。”泽在地上，水流朝着低洼处汇集，所以叫“萃”。用在人事上，就是聚众做事。将众人聚在一块，召集人需要有权威力和号召力，同时还要有财力和物力，这非得是亨通者不成，所以“萃，亨”。

“萃，聚也。顺以说，刚中而应，故聚也。”这些从四面八方聚集而来的大众一定是听话的、乐意的，否则这些人也不会来。为什么乐意来？是因为看到了召集人的雄厚实力，当然更重要的是可观的收益。

“王假有庙，致孝享也。”聚集那么多人，肯定是在做大事。做大事不仅需要召集者的引领和大众的响应，还需得到列祖列宗的冥中庇护。如果是天子，事先要到祖庙里祭拜，向祖先陈述详情，寻求护佑。当然，这个祖先也可能是政府的各个监管部门，若想通过各监管部门的审批，就需要一座庙一座庙地拜。

“利见大人，亨，聚以正也。”得到大众和祖先的支持还不够，还缺少最为关键的一环——一个强健有力的领导者。有了“大人”的坐镇指挥，事情才得以顺利进行。

“用大牲吉，利有攸往，顺天命也。”最后还有一环，用最隆重的规格祭拜上天，以确保能够得到上天的认可，获得了上天所赋予的使命。使命才是一杆引领众人的大旗，使命的旗帜在高空中飘扬，众人的积极性一下子沸腾了，精神饱满，热情洋溢，有了使命感，就没有做不成的事，就没有克服不了的困难，就无往而不利了。祭天的本质是获得使命感，所以读《易经》最好不要一味地迷信，求人不如求己，信神不如信人。

归纳一下，聚大众成大事需要具备五个条件：权威的召集人，听话乐意的大众，冥中护持的祖先或保驾护航的政府，能力超强的领导，被赋予使命的众人。

“观其所聚，而天地万物之情可见矣。”花草、树木、亭台、楼阁聚在一起组成公园，梁栋、砖瓦、水电、暖气聚在一起构成楼房，进货、生产、销售、研发、办公、财务、老板聚在一起形成公司，头颈、四肢、脏腑、气血、毛皮、骨肉聚在一起合成身体……万事万物都是由各种因素聚集成的。

“泽上于地，萃。君子以除戎器，戒不虞。”泽在地的上面，需要在泽的四周构筑起堤防，如果没有堤防的围挡，泽水就会向四周漫延流溢。众人聚在一起也是一样，难免会产生这样那样的矛盾和问题，如何聚拢人心以防人心涣散，如何消解矛盾以防冲突爆发，如何让各部门彼此配合协作，以防联络不通衔接不畅，等等。所以要“除戎器”，“除”是设置，“戎器”是应急方案和预防措施；还要“戒不虞”，以应付意外事故的发生。

升

——登阶

从群众中学习，从做事中历练，随着经验的日积月累，自己在不断地提升进步，是为升卦。

升字的本义是用勺取酒，引申为提升，此处为登阶。

“柔以时升。巽而顺，刚中而应，是以大亨。”巽是树木，顺是土地，树木扎根于土地，一点点地生长。“柔以时升”，树木生长受季节的影响，春季进入生长期，夏季速度加快，秋季回落变缓，冬季停止生长。“刚中而应，是以大亨”，树木不断地从土壤中汲取养分，不断地生长壮大，只有树木与大地相应了，方能亨通顺利地生长，换句话说，什么样的土地生长什么样的植物。升卦体现在人事上，就是升职。升职也与树木生长一样需要时机，需要等待春风的到来。例如，舜不管是在历山耕地，还是在雷泽捕鱼、河滨制陶，一直都是默默无闻，晋升机会没到，只能蛰伏。

“用见大人，勿恤，有庆也。”直到舜被四岳举荐给帝尧，尧帝召见了舜，才得到提拔，所以无须担忧，值得庆祝。“用见大人”是被贵人召见。“勿恤”是无须忧虑。“有庆”是有喜事，值得庆贺。

“南征吉，志行也。”“南”是南方或是夏天，南方的阳光照射充足利于树木生长，夏天的树木生长快速。体现在人事上，就是接班人得到充分的锻炼，经过不断地锤炼，一步步地成长起来，拾级而上最终登上职位的顶峰。例如，尧帝为了培养舜，先是让舜做自己的助理，参与政事，熟悉各种政务。如此经历了二十年，然后尧帝才放心地将工作全部交给舜，让舜代为摄政。如此又经历了八年，直到尧帝觉得舜没啥问题了，才放心地传帝位给舜。“南征”就是对接班人预备队的培养和锻炼。

“地中生木，升。君子以顺德，积小以高大。”人才的培养不是一朝一夕的事，就像树木的生长，一天一天地增加，一点一滴地积累，虽然短时间内看不出什么，但经年累月下去，一棵幼苗终将长成参天大树。所以不论是耕、渔、陶的过往经历，还是将近三十年的从政磨炼，经过不断地积累，舜终于成了一代伟人，德播于四海，光耀于千秋。老子云：“合抱之木始于毫末，九层之台始于垒土，千里之行始于足下。”

晋、升两卦可以互为参照，虽然都是升官，但侧重点不同，晋卦侧重于提拔重用，升卦侧重于培养考察，提拔重在当下，培养需要长久。

困

——遇难呈祥

人的成长从来都不是一帆风顺的，总会遇到波折、困顿，甚至是无解之局。困绝之境就像是一块试金石，闯过去人就变成一块真金，闯不过去依旧是块顽石。

“困，亨。”出行没钱谓之乏，住处无食谓之困。既没钱又没吃的，穷困潦倒之极。穷困潦倒反而通达无碍，心得自在者，必非常人！

“困，刚掩也。”困卦，刚强被掩。阴柔被掩或许会选择屈服，刚强被掩一定会坚贞不屈，宁折不弯。

“险以说，困而不失其所，亨，其惟君子乎。”遭遇大难依然心情愉悦，身陷穷困始终不改初心者，唯有君子。“亨”，并不是摆脱了眼前的困境才算是亨，而是身处困境时了无挂碍的心境。岁寒然后知松柏，穷困方始见真君。颜回窝在穷人窟里，三餐不继，箪食瓢饮，依然不改其乐。

“贞，大人，吉，以刚中也。”身处穷困能够坚贞不移，面对死亡能够吉祥自在者，唯有“刚中”的大人。文天祥被关押了三年，如果投降立马就是元朝宰相，如果不投降将会掉脑袋。面对死亡，文先生淡定地选择了后者，在苦难中静静等待死亡的到来，这不就是“大人，贞、吉、刚中”的最好证明吗？

“有言不信，尚口乃穷也。”身陷窘困，必然是四面楚歌，孤立无援。路上的乞丐尚且无人问津，更何况是穷途末路之人，这时候不管向谁辩解都不会有人听，不管向谁倾诉都不会有人信。绝境时的解释不过是为自己平添耻辱罢了！

“泽无水，困。君子以致命遂志。”困卦上泽下水，泽里的水都跑光了，干涸了。连湖泽都干了，说明旱情严重到什么程度，没有水，大地变成戈壁荒漠，花草树木全部枯死，动物植物全部灭绝。体现在人事上，就是面对死亡，除了掉脑袋，别无选择。例如，卫国内乱，子路身为国君的卫士，明知道自己只要不前去营救就不会死，却毅然决然地选择了赴死。蹈汤火，赴白刃，不避凶险，不畏死亡，这就是中国古时候的士。义，我所欲也，生，亦我所欲也，两者选一，舍生取义，这便是“致命遂志”。孔子困于陈蔡弦歌不绝，苏格拉底困于牢狱谈笑饮毒，耶稣困于十字架替世人赎罪，慧可困于断头台赋诗一首，故知“致命遂志”，非常人所及也。

不是危险化解了才吉利，不是难题解开了才无咎，有时候，坦然面对危险，谈笑奔赴死亡，也未尝不是一种吉祥。

井

——取之不尽的井水

泽水困，沼泽里的水都流到下面去了，干涸了，遇到这种情况，人们只能干等着渴死，坐等着死亡吗？当然不能，要打破常规思维，不再苦等着老天爷下雨，既然水都跑到地下了，何不向下挖一个洞，凿一口井，这样就有取之不尽、用之不竭的井水可用了。像新疆的坎儿井，就为我们很好地展示了困而后井的人工取水工程。

“井，改邑不改井。”不可更改是井的第一大特点。“邑”是封地，古时的封地一般规模都不很大，差不多相当于现在的村镇，全邑共用一口水井，人们依井建邑，傍河筑城，这是古时候城邑规划建造的一大特点，毕竟那时候的水利工程没有现在那么发达。“改邑”，封邑的主人换了，或者是全体的邑人搬迁。“不改井”，井不随之更换，或是迁至新址的第一件事就是打一口井，所以“邑”可改，“井”不可改。

“无丧无得。”不增多也不减少是井的第二大特点。来再多的人打水，井水也不见减少；来再少的人打水，井水也不见增多，所以叫“无丧无得”。

“往来井井。”人人需要，人人都离不开，是井的第三大特点。全邑之人每天来来往往地到井边打水。

“汔至，亦未繘井。羸其瓶。凶。”井水只有取出来才有用，是井的第四大特点。水桶提到一半，或者快到井口时洒了，没有取到水，算作“凶”。当然，这个“凶”并非说的是水洒这件事，而是比喻，比喻做事情费了半天劲，临了却以失败告终，所以“凶”。

“巽乎水而上水，井。井养而不穷也。”井卦上水下巽，巽是用来装水的木桶，所以井卦的画像是用木桶提取井水。一口井水滋养着全体邑人，永远没有穷尽的时候，这是井的第五大特点，给予人们取之不尽、用之不竭的滋养。

“木上有水，井。君子以劳民劝相。”做善事帮助人一般有两种方式，一种是赠人以鱼，一种是授人以渔。除此之外还有第三种，给人们凿一口井，构建一个互助的机制。像架桥、铺路、通水、通电之类的公共设施就是另一种形式的井。再比如让人们组成一个互帮互助的团队，互为彼此的井，像现在的医疗保险、养老保险就属于这类的机构。再比如过去的中国，一家有困难，街坊邻里八方支援，所以就有了“远亲不如近邻”的说法。除了邻里，宗亲之间也存在着这类互帮互助的关系，富裕的总是要帮扶一下穷困的。

革

——变革

将困变为井，就需要打破以往的条条框框，就需要跳出陈旧的思维模式，革旧变新，创造发明，研发出新的东西，是为革卦。

“革”字的画像是去除兽皮上的毛，再进一步加工成熟皮，兽皮因此变得柔韧，所以革字的本义是变革。

“革，水火相息。”革卦，上泽下火，泽性湿寒，火性燥热，两者在一起不能相容，泽欲浇灭火的燥热，火想焚毁泽的湿寒。表现在人事上，新旧势力间已成水火不容之势。

“二女同居其志不相得，曰革。”泽为少女，离为中女，二女虽然同出一门，但终归要嫁出去的，所以志向不同。表现在人事上，新旧势力的目标不一致，针锋相对，都想革去对方的命，所以革卦还含有革命的意思。

“巳日乃孚，革而信之。”人情安于现状，乐于守成，所以在变革之初，人们大多是持反对、不解、疑惑的态度。直到变革过去了许久，成效显现出来，人们才愿意接受，才开始相信，变革才算是取得初步成功。“巳日”是夏日，表示变革已经进行了一段时间，从春天进入夏天，从最初的青涩稚嫩变得老道成熟。

“文明以说，大亨以正。”变革的初步成效是什么呢？就是“文明以悦”，“文明”是成果，大家都看得到，有目共睹。“以悦”是人们从变革中得到实惠，心情愉悦，由衷地赞同。所以，“大亨以正”，变革进行得很顺利，名正而言顺。

“革而当，其悔乃亡。”变革成功了，人们的担忧、疑虑等情绪才最终得以释怀。这说明在变革成功之前，不论是变革者还是人民群众，都是心存忧虑，若是成功了还好说，万一不成呢？万一革而不当失败了呢？之前的种种担忧全部转为现实。比如历史上变革成功的人，商鞅、雍正之类的，是“革而当，其悔乃亡”；而变革失败的人，如吴起、王莽、王安石一类的，就不仅仅是后悔那么简单了。

“天地革而四时成。”不仅人事上存在变革，天地也时刻处在变革之中。天地的变革就是四季，从春暖花开的春季，变革成炎热丰盛的夏季，再变革成天高云淡的秋季，再变革成寒冷冰封的冬季，如此的周而复始，四季交替。至于日出日落，月圆月缺，是日月的变革，乃至花开花谢、潮起潮落、雨过天晴、生老病死等都叫作变革，人与万物随时都在变革中。变革是一个十分普遍的现象，革卦如此，其余诸卦皆是如此。

“汤武革命，顺乎天而应乎人。革之时大矣哉。”朝代的更迭也属于变革。“革命”就是革除上一个朝代的天命。商汤伐桀灭夏，武王讨纣灭殷，是历史上有名的朝代变革。改朝换代只需要两个条件——“顺乎天”和“应乎人”。“应乎人”说起来容易，但做起来并不简单。距离武王灭殷已经过了一百多年，殷人依然还未完全顺服于周王朝。所以要让人们接受变革就需要时间，“巳日乃孚”的“巳日”，可能是一百天，也可能是几年、几十年，甚至上百年乃至更久。这个天命很有意思，做天子拥有天下依据的是天命，杀天子夺取天下依据的还是天命，难不成天上同时有两个老天爷？还是老天爷收了革命者的贿赂，临时变卦了？所以说来说去，还是姜大爷（姜子牙《六韬》）说得实在：“天下者，非一人之天下，乃天下人之天下也。”

“泽中有火，革。君子以治历明时。”泽中有火，要是在过去是很难想象的，但现在已经稀松平常了，不就是海里有个岩浆翻滚的火山嘛，据说那里的生态系统非常特殊，生命不需要阳光，不需要日月星辰，一切能量来自岩浆。说到日月星辰，天象变革正是从日月星辰一刻不停地运转中得来的。人们通过观察天体移动，制定出历法，计算出时间，指导人们的生产、生活，记录人类的历史演变。“历”是历法，“时”是时间。

鼎

——一个新时代的来临

鼎是鼎新，故旧革除后的新创造、新发明、新事物、新时代。

“鼎，元吉，亨。”改朝换代后，革命者需要重新制定一尊大鼎，并在鼎身上铭刻新的法令，颁布新的政策法规，这便是所谓的革故鼎新。法鼎的树立，意味着一个新时代的来临，所以大吉，亨通。

“鼎，象也。以木巽火，亨饪也。”鼎卦本身就是一尊鼎的形象。初爻和五爻是阴爻，初爻代表鼎的三足，五爻代表鼎的两耳，二、三、四爻连在一起代表鼎身，六爻代表扛鼎的玉铉。从鼎卦的上下卦来看，上离下巽，其画像是燃烧着的木柴，也就是炉火。炉火与鼎会意，意思是烹饪。在古代，鼎是烹饪用的饭锅，因为全族人住在一起，人数众多，需要用大鼎烧饭，开饭时还要敲钟集合，所以叫作钟鸣鼎食，鼎可以说是古时候体量最大的锅。

“圣人亨以享上帝。”这一句说的是祭天，“上帝”是天帝。祭天的仪轨，将挑选出来的牺牲宰杀，洗涤切割后放入祭天用的大鼎里，配上佐料后，点燃木柴，过了一会儿，浓香四溢的烟气从鼎里冒出，天帝这时候就可以降临祭坛，美美地品尝享用了。上古时的天子祭天仪式很隆重，地点选在泰山的山顶，据说那里距离天庭最近，天子郑重其事地摆上祭品，恭迎天帝莅临，然后向天帝陈述自己的政绩，并昭告四方神明。

“而大亨以养圣贤，巽而耳目聪明。”这一句说的是养圣贤。鼎中的食物不仅可以献享天帝，还可以奉养圣贤。天子将圣贤迎进朝廷，给他们官位俸禄，请他们为朝廷做事。有了这么多的圣贤做下属，天子这时候只需善于倾听，明于观察就可以了，足不出户便可知天下之事，目不窥牖便可见天下之道，明白四达无有遗漏，诸事停当善始善终，天子冕旒垂目，端拱无为，以至于天下大治。

“柔进而上行，得中而应乎刚，是以元亨。”这一句说的是天子自己。天子对上进献天帝，对下奉养圣贤，如此还不够，天子还需要不断地提升自己的德行，信任贤德的重臣，如此才能大通于天下。

“木上有火，鼎。君子以正位凝命。”这一段可以有两种解释。一种是天命的归属：革命成功改朝换代后，天子燔柴祭天用享上帝，聘请圣贤充实朝廷，自己再日晋其德，重用贤良，如此一来，得来的位子才算彻底地稳固凝定，上天赐予的天命才算名副其实，自己才算是个名正言顺的天子——上天之子。一种是个人的修道：“木上有火”说的是真炁，真炁里含有真火，身心是鼎炉，“正位”是用真炁煅烧鼎炉，令自己脱胎换骨，转凡成圣，凝聚出一个全新的生命、全新的自己。

震

——恐惧致福

革故鼎新的过程就如同一声惊雷，刹那间震动了整个国家。像经历了信息变革洗礼的我们应该深有体会。再如，战国时商鞅变法取得成功后对整个天下所产生的震动，二战德国坦克集群战军事变革的成功对全世界所引发的震动，都很好地说明了这一点。

震是雷振，一声霹雳，万物振动。

“震，亨。”上一卦的鼎卦代表承载天命的天子，这一卦的震卦代表命定的继承人。震卦为长子，由长子承袭父职，继承家业，所以亨通。

“震来虩虩（xì），笑言哑哑。”这一句说的是长子的品性，“虩虩”是指雷响之后一副惧怕的样子。长子肩负着家国重任，必须随时随地都处在畏惧警惕之中，如临深渊，如履薄冰，时刻反省自己，检点自己的言行，谨小慎微，唯恐有失。“笑言哑哑”，“虩虩”是长子的内心，其外却是“笑言哑哑”，笑容可亲，一副温文尔雅的公众形象，外形招人喜欢，具有很强的亲和力。“虩虩”是自处，“哑哑”是待人。

“震惊百里，不丧匕鬯（chǎng）。”“震惊百里”具有两重含义。商周之时，公侯的封地方圆百里，而雷声的震动范围也恰巧是百里，所以就有了长子威震百里一说，也就是说长子的声威遍及全国。“鬯”是香酒，“匕”是盛香酒的勺子。长子代父主持祭祀活动，手持匕鬯向神明献祭，突然一声霹雳，长子却毫无惧色，持匕的手依然稳稳的，没有因震惊而抖动出丁点的香酒。这说明了什么？说明长子经受住了考验，心理上已经过关、成熟了，具备承袭父职的条件，可以替父做事了。这个霹雳也可以指事件，一件突发的惊天大事，长子突临此事不惊不慌，安然若素，妥善地处理，足见其心理过硬，平时训练有素。若想突临大事手不抖、心不颤，就需要平常多多涵养、战兢惕厉、虩虩哑哑地修持功夫。

“震，亨。震来虩虩，恐致福也。笑言哑哑，后有则也。”这一段将话题引向修持。不是非要等到霹雳来了才心生恐惧，才进行自我反省，而是要养成日常省修的良好习惯，让自己时刻处于畏惧之中，就好像头顶悬了一颗随时待响的雷，只要自己一起恶念、一说坏话、一做丑事，这颗雷便会引爆，把自己劈得粉身碎骨。在恐惧之中检点自己，令自己的心远离邪恶，言语行为日趋善良，那么灾祸就会悄悄消失，福庆就会不请自来。见识到因恐惧而至福，内心倍加的欢欣鼓舞，“笑言哑哑”，因而更加确信行善获福、远恶避祸的法理原则了。

“震惊百里，惊远而惧迩也。出可以守宗庙社稷，以为祭主也。”随着修养工夫的日益加深，心境平稳如巨海无波，哪怕是巨雷突然震响，大难突然临头，也丝毫不受影响。这样的长子不仅可以代父主持祭祀，乃至于出外抚军，内监国政，镇守宗庙社稷，确保江山无恙、百姓康宁，也都不在话下了。具备此等修持工夫的人，文中一般称其为“大人”。

“洊雷，震。君子以恐惧修省。”洊雷是重复叠加的雷。古人认为，雷是天威，震是天怒，所以古时的君子一遇到震雷，就赶紧反省自己，检点自己的过错。这个雷也可以是突发的灾难或疾病。例如，有的人平时松懈散漫惯了，怎么劝也不听，可是突然有一天得知自己生了肿瘤，“震来虩虩”，一下子宛如五雷轰顶，内心恐惧无比，这才突然想起修行，于是又是念经又是拜忏，好像经咒变成了一根救命稻草，精进得不得了；等到肿瘤消失了，“笑言哑哑”，很是开心，对修行生起了信心。这就是因恐惧而修省，因修省而致福的例子。

在过去，宗教更多的是充当着雷霆的作用，过去的人老实本分，与遍及各地的城隍庙有着不解之缘。孩子们小时候跟随父母到城隍里拜一拜、进进香，每每看到壁画里的故事和殿堂里的神像，就被惊吓住了。壁画里讲述着阴间的故事，有的是油炸，有的是焚烧，有的是拔舌，有的是抽肠，有的是挖眼，有的是剁脚，简直是吓死人了。殿堂里的各种审判场景，判官的严厉威猛，狱卒的狰狞可怕，以及做坏事的人受审时的畏畏缩缩，一切无所遁形，让人看一眼心里就发毛。出了庙门，孩子的两腿还在哆嗦着，早已吓得魂飞天外，小小的心灵从此种下了一颗恐惧的种子，长大后，也不敢去做坏事，唯恐自己将来遭受审判，进地狱下油锅。这就是宗教的力量。不光是道教、佛教，基督教、伊斯兰教也不例外，所有的人类文明，包括那些已经湮灭的文明也都在讲地狱的概念。地狱真的不存在吗？地狱真的没有吗？失去了地狱的震慑，谁还会恐惧？谁还有底线？失去恐惧和底线的人们会将自己的命运引向何方？

艮

——止

世间有些事情可以改变，有些事情不可以改变，像喝水、吃饭、拉屎、撒尿就不可以改，像月圆月缺、日出日落就不可以改，像连绵起伏的山脉就不可以改，这便是艮卦。

先看艮字，人与目会意，意思是回头反顾，反顾时需停下来，引申为停止。另外，全身都可以动，唯独背不能动，背是静止的，所以艮也代表背。

“艮其背，不获其身。行其庭，不见其人。无咎。”人的五官随时都在使用，眼要看好看的，耳要听好听的，嘴要吃好吃的，慢慢地把人变成了物欲的奴隶，从此失去了安宁。为了解决这个问题，先要溯本求源。外界的声色引动了五官，五官的使用牵扯到五脏，五脏全都挂在背上。我们再把过程倒过来看，后背的中脉为五脏提供元气，五脏又为五官提供五气作为动力，然后，眼睛能看，耳朵能听，嘴巴能说。找到了问题的根源，解决问题的办法就有了。既然根源在背，只需要从背上下手就可以了，所以“艮其背”。

“艮其背”就是止其所止。那么如何才能止其所止呢？一般需要经历三个阶段。

第一阶段，关闭心的门户，把五官给关闭掉。关闭眼睛、耳朵、嘴巴，眼不见、耳不闻、嘴不说，所谓的“不见可欲，使民心不乱”，五官的门户关闭了，心不再乱跑，五气的消耗减少，元气的消耗锐减，情欲没有了用武之地，人暂时摆脱了物欲的控制，重新变回主人。眼睛、耳朵一关闭，自己的身体也好，外界的人物也罢，统统不见了，所以“不获其身”“不见其人”。

第二阶段，让心静下来。心静不下来，原因在于中脉的元气不足。元气随着五官的使用在无声无息地损耗着，所以五官一关闭，体内的元气就不再外泄，慢慢地充盈起来，直至中脉里的元气完全充满。就在充满的那一瞬间，气忽然的变乖了，停了。风一停树便止，气一停心便静。心一静，波纹回落成静水，心波里的各种幻像瞬间全部消失，这时，自己的身体也好、外界的人物也好，这些波纹里的影像，一下子全都消失，所以“艮其背，不获其身。行其庭，不见其人”。

第三个阶段，让心定下来。这时再回过头来入世，虽然外面的环境还是那个环境，眼也在看，耳也在听，嘴也在说，但心水却如如不动，宛如一面明镜，物来则照，过去不留，无所住而生其心。不是不起心、不动念，而是在起心动念时，心体恒常在定，晓得眼前的一切都是心识所现，如镜花水月，如梦幻泡影，所以“艮其背，不获其身。行其庭，不见其人”。至此彻底放下，情欲再也主宰不了自己，快活逍遥，得大自在。

“艮，止也。时止则止，时行则行，动静不失其时，其道光明。”上一段说的是情欲的止，这一段讲的是事情的止。一切事情都有止停的时候，例如，吃饱了停下来叫饭止，睡足了醒来叫觉止。任何一项政策法令也都有其适用的时间，时间一过就不再适合，需要马上停止。比如，商鞅制定的秦法——全民皆兵、奖励耕战、严刑峻法，这在战争年代确实是个好政策，秦国也因此荡平六国统一天下，但是统一之后，原先的秦法就不再适应新的形势，需要马上停止，制定新的政策法规，但是嬴政没有这么做，这才招致了灭亡。汉鉴于此，终止厉政酷刑，制定宽松的政策，与民生息，方才有了西汉的长治久安。所以，过了适用时间，“时止则止”；恰逢适用之时，“时行则行”，是行是止需要根据当时的具体情况，“动静不失其时”，如此方能利民利国，“其道光明”。

“兼山，艮。君子以思不出其位。”讲完了情止、事止，这一段介绍的是不许越界的止。兼山，一座山连着一座山，连绵不绝的山脉，重重山脉完全隔绝了彼此间的联系。由此联系到人事，有些事情是绝不能碰的，“君子思不出其位”，做好自己的本职工作就好，不要越权干涉别人的工作；管好自己的事情就好，不要越界掺和别人的事情。

另外，把心专注在自己做的事情上也叫“思不出其位”，这便涉及另外一种止——专注的止。例如，专心地做一件事是止，专心练一首曲子是止，专心射箭是止，专注自己的呼吸调息是止，专注地念经、念佛、念咒是止，专注地思考问题是止，科学家思考问题时的苦思冥想也是止。总之，把心拴在一点上，系心一缘，制心一处，无事不办。

止，止。我法妙难思。

渐

——慢慢地来

震是突变，艮是不变，除此之外还有一个渐变，世间的变化不外乎这三种。女子出嫁前一直是不变的，出嫁是突变，成了媳妇后，慢慢适应婆家生活就属于渐变了，这便是渐卦。

“问世间，情为何物？直教人生死相许。”诗人元好问应试途中，遇到猎人射杀了一只鸿雁，其伴侣悲鸣着撞地而亡，元好问被感动到了，买下这对夫妻，合葬于汾水河畔，起名雁丘，并写下了这句有名的词句。鸿雁一生只有一个伴侣，平时成双成对，不离不弃，如果有一方死了，另一方会为其殉情。所以，渐卦的六个爻都有“鸿渐”二字，大概《易经》作者想借着鸿雁表达自己的一点想法。

说完了鸿，再来看渐字。“渐”字出自渐江，渐江是浙江的古名，特指上游的新安江。渐江四周高山林立，水路回环，曲曲折折的水道，流速极其缓慢，水面像是静止一般清澈宁静，所以渐字的本义就是缓慢地、静静地流淌。

“渐，女归，吉。”“女归”就是女子出嫁。渐江处于浙江上游，经富春、钱塘，归入东海。这就像一个女孩子，先是在父母家，成人后归入夫家，所以叫“渐，女归，吉”。

“利贞。”既然进了夫家，一切要遵守夫家规矩，渐渐适应。

“渐之进也，女归吉也。”古时候的婚嫁需要慢慢来，不像现在，只要双方情投意合就去领证，闪婚在古时候是行不通的，一般需要两方家庭的反复协商。烦琐的嫁娶仪轨，就像渐江的江水，曲曲折折的，折腾了半天也前进不了多少，将渐和嫁女搁在一起会意，真是太有创意了。中国的老祖宗们固执地认为，只有合乎规矩的婚嫁才是吉利的。

嫁娶的规矩虽然很多，但归纳起来不外乎两点。

“进得位，往有功也。”第一点是女方家庭的要求，“进得位”。进门就是正妻之位，是家内的主事者，家里的事要说了算，生的男孩是嫡子，家业的继承人，所以“往有功也”。反之，如果仅是妾室，无权主持家务，生的孩子不过是个庶子，那就进不得位，往而无功了。

“进以正，可以正邦也。”第二点是男方家庭的要求，“进以正”。“正”是对女孩子的要求，女孩不一定长得有多好看，也不一定会操持家务，如会做针线活，贞洁端正就好。长得漂亮但人品不佳，会做家务但心术不正，这样的女孩娶进家里，只会败坏家风，有损家业，比如妲己、慈禧一类的。所谓的“好女旺三代，恶女毁三代”，所以在娶进家门前必须慎重，务必多方调查，不可草率决定，要慢慢地来。例如周朝的兴起，就得益于三位贤内助，太姜养育了泰伯、仲雍、王季，太妊养育了文王，太姒养育了武王、周公，在三位贤内助的全力帮扶下，周才从一个边陲小国一飞冲天，“太太”一词也因此名播海外。西汉也是一样，如果没有薄太后、窦太后的贤德，也就没有文帝、景帝、武帝的优秀，也就没有文景之治，西汉的兴盛也就无从谈起。所以说“进以正。

可以正邦也”。娶个好女人不仅关系到家业的兴旺，还关系到邦国的昌盛，关系重大，不可不慎，所以要慢慢地来。

“渐之进，女归吉。进得位，往有功也。进以正，以正邦。”这三条也可以用在君子身上。凤非梧桐不栖，士非明主不依，明主从来都是贤士的第一选择，所以在投奔之前，贤士需要慎重地筛选，静静地观察。一旦选中，就进入第二步，向明主索要位子，有职有权方有建功立业的资本。再接下来是第三步，走正道，光明正大地做事，为明主尽心，为邦国尽力。

“止而巽，动不穷也。”“止”是停下来、静下来，“巽”是观察和选择。男女在嫁娶前停下来仔细地观察，贤士在投奔前静下来慎重地选择，选对了，前程似锦、通达无碍；选错了，可就难说了。

“山上有木，渐。君子以居贤德善俗。”艮为山，巽为木，所以渐卦的画像是山上种着花草树木。树木生长得非常慢，慢到用肉眼看不出来，所以叫“渐”。青翠的树木装点了高山，贤德的君子感染了乡里，乡民在君子品德的熏陶下，风气在一点一点、潜移默化地改变着，虽然这种改变在短时间内看不出来，但时间一久就会显现。过几年再去山上看看，已经是郁郁葱葱、高耸入云了。

归妹

——娶少女生子，莫忘永终知敝

女子嫁过去是要为男方生儿育女的，如果不能生育，男方往往会再娶个少女来完成这件事，这就是归妹卦。血脉延续，家族传承，是全宗族的大事。

归妹是嫁妹妹。嫁妹妹分两种情况：一种是“帝乙归妹”，帝乙将妹妹许配给文王；另一种是“归妹以娣”，妹妹作为姐姐的陪嫁，姐姐做正室夫人，妹妹做侧室媵妾。陪嫁除了妹妹外还可以是侄女。之所以有侄妹陪嫁的婚俗传统，一方面是为了加强两大宗族之间的紧密联系，另一方面是为了生育更多的后代，毕竟那时的医疗条件有限，生育率和存活率很低。只是到了后来这种陪嫁的习俗逐渐消失，而归妹卦的意思也随之发生了改变，变成了因为没有儿子，只得娶个少女生子，借少女传宗接代。

“归妹，天地之大义也，天地不交，而万物不兴，归妹，人之终始也。”少女嫁给中老年的男人，二人的年龄差距毕竟摆在那里，实在是有悖常理。然而，古人固执地认为“不孝有三，无后为大”，为了延续血脉，再悖情悖理也不算什么。例如，孔子的父亲叔梁纥娶少女颜徵在时已经六十三了，早已过了娶妻年龄，而且两人的岁数差了近五十岁，这种婚配在那个讲究礼仪的年代是非常让人瞧不起的，所以人们给它起了个很不好听的名字——野合，二人野合生下了孔子。有过这样的人生经历，相信孔子看到归妹卦时一定是感慨万千，因此他把这种不合礼数的婚姻特意地渲染一下。境界拔高，归之于天地之大义，归之于人类之始终。

“说以动，所归妹也。”如果娶少女不是为了生育后代，只是为了纵情享乐，变成了“悦以动”，这个归妹就彻底地变质了。不仅不符合天地大义、人之始终，还违背了起码的人伦道德。

“征凶，位不当也。”少女不满自己的媵妾身份，觊觎正室，想方设法地赶走夫人或是设计陷害，必定凶恶无疑。

“无攸利，柔乘刚也。”即使不去谋害夫人，凭着自己的青春美貌，和丈夫的百般恩宠，在家里作威作福，凌驾于夫人之上，也一定不是什么好事。

以上是从家的角度看。如果从国的角度分析，丈夫是国君，夫人是宰相，媵妾是官员。宰相的能力偏弱，国君更多地依仗官员。若是官员因此图谋宰相的权位就是“征凶”，恃宠而骄就是“无攸利”。

“泽上有雷，归妹。君子以永终知敝。”雷短暂，泽长久，老夫少妻的搭配，两人注定无法共度一生。叔梁纥去世的时候，孔子才三岁，颜徵在才十八岁。又因种种原因，年幼的孔子被家族扫地出门，士的身份也被剥夺，孤儿寡母只得投奔娘家，卑微苟活。不是士子，孔子也因此失去了学习诗书礼乐的机会，从小帮衬着母亲干活儿，补贴家用，稍稍大点，操持各种贱业，养家糊口。这就是老少配的弊端，延续子嗣固然无可厚非，可是其后续生计又当如何？汉武帝也是在六十多岁时娶了少女钩弋夫人生下了刘弗陵，几年后立刘弗陵为太子的同时赐死钩弋夫人。“永终知敝”是孔子的警世之言。

丰

——盛大

男子赚钱是为了养家富家，打造一个殷实丰厚的家底。家富了才谈得上国丰，民安了才说得上国泰。

“丰，亨，王假之。”“豊”字的画像是祭器里盛满了丰盈的贡品，摆在供桌上请天帝享用，所以“豊”字的本义就是一场盛大的祭祀活动。“亨”是天帝赐福献祭者，令献祭者得到好运，亨通显达。“国之大事，惟祀与戎”，所以“王假之”，王是天子，此处特意强调主祭者是天子，不是诸侯、公卿，不是士大夫，更不是黎民百姓。当然了，天子的大事还有很多，不光局限在祭天、打仗这两件事上，其余像巡视诸侯、修筑长城、赈济灾民、防洪治水、邦国外交等也都是国之大事，都在丰卦的范围之内。所以归结起来，丰卦的意思就是盛大。

“丰，大也。”“豊”是盛大。盛大，不仅包括国家大事，还包括物阜民丰与国运昌盛。

“明以动，故丰。”物阜民丰，离不开天子的英“明”领导，离不开大臣的忠心辅佐，离不开百姓的积极参与，上下团结一致，共襄盛举，故而丰盛。

“王假之，尚大也。”在天子的领导下，军力强盛，财富充盈，文化繁荣，百姓富足，拉开了盛世的宏大序幕。

“勿忧，宜日中，宜照天下也。日中则昃，月盈则食，天地盈虚，与时消息，而况于人乎？况于鬼神乎？”太阳到达正午就会偏西，月亮到达盈满就会亏损，国家到达鼎盛就会衰落，盛极而衰是天地间的客观规律，天地尚且不能违背，何况是人？何况是鬼神呢？所以不要妄图依靠人力挽留盛世，不要妄图依靠鬼神守住盛世，这样做不仅徒劳无功，反而会加速盛世的败落，所以一定要看开了，无须担忧什么。既然担忧于事无补，何不安享盛世的美景进而欢乐开怀？何不利用正午的阳光进而照彻天下？何不发挥壮盛的精力进而大有作为？

“雷电皆至，丰。君子以折狱致刑。”闪电是上天的监察，“折狱”是司法审查，要求司法审查要像闪电一样洞察明照，避免冤假错案的发生。雷霆是上天的威力，“致刑”是司法处罚，要求司法处罚要像雷霆一样用刑适当，杜绝滥用刑罚的发生。

雷电是上天的震怒，偶尔才会发生，不是常事，如果变为常事，天天打雷打闪，那还得了，万物还不得灭绝了！所以，一年四季只有盛夏的时候雷电才会多点儿，反映到人事上，刑罚只有到了丰乐康阜的盛世才可以多些。

丰卦是一曲盛世的赞歌。

旅

——离家外出

洪水、战争、饥荒、瘟疫就像影子一样时常影响着人类，瞬间摧毁掉人类的生存家园，没办法，人们只得强忍悲痛舍弃故土，迁徙异地。离开家乡流浪漂泊是为旅卦。

旅字由方与从会意，方是旗帜，从是队伍，意思是行军。另外旅还是古时的军队编制，五百人为一旅。

“旅，小亨，旅贞吉。”火山旅，山上着了火，逃出火场的动物失去家园，被迫四处流浪，这就是“旅”。所以旅卦含有失去家园被迫迁徙，或者远离家乡客居在外的意思。现在的旅行是快乐的，但在古代，那可是凄风苦雨，苦不堪言。过去的交通十分落后，住宿也没有现在那么方便，出门远行是一件非常辛苦的事，事先必须筹备足够的旅资，吃的、喝的、用的都要提前备好，然后才能上路。一路上还要翻山越岭、跋山涉水，凄风冷雨、荒山野岭的且不说，万一遇到了土匪、野兽，小命都有可能不保，所以古时候的旅泊安全是没有保障的，所以“小亨”。

“旅，小亨。柔得中乎外，而顺乎刚。”出门在外，人生地不熟，一定要夹着尾巴做人，要与人和气，要“柔”、要“顺”，最好寻一个托身之处，有个依靠。在家靠的是父母，出外靠的是朋友，跟当地人搞好关系，尽可能地得到对方的友谊和帮助。

“止而丽乎明，是以小亨，旅贞吉也。”羁旅之时，应当随遇而安，保住小命就好；一旦发现有个托付安顿的机会，就要及时把握。“丽”是依附。

“旅之时义大矣哉。”过去不管是行军打仗的军旅，还是跋山涉水的羁旅，都艰辛异常，不像现在交通发达、生活便利，只要有钱，想去哪儿就去哪儿，想怎么玩就怎么玩，舒适无比、惬意无比。时代毕竟不同了，旅卦的内涵也跟着发生了改变。

“山上有火，旅。君子以明慎用刑，而不留狱。”山火很快就烧过去，不会停留，所以叫“旅”卦。用到人事，要求司法办案不可以故意拖延时间，不可以找各种借口迟迟不予裁决。

巽

——颁布命令

漂泊的生活异常艰辛，人们这时最好学一学风的生存法则，居无定所，随遇而安。

“巽”字的画像是供桌旁跪着两个人，这两人一个是史，一个是巫。史是祝史，是负责祭祀活动的官员，任务是沟通神明，接受神明的旨意。巫是巫觋，用巫术与鬼神沟通，替人驱鬼治病。归结起来，巽是祭祀或巫术的仪式，史巫匍匐在神明的面前，接受神谕。

“巽，小亨。”神鬼之道，只可用做辅助，不可过分依赖。因为阴界与阳界是隔绝的，鬼神无法直接参与人事，顶多为人提示一下给个主意，事情最终还是要全部落实到人的身上，经众人协商，交由众人完成。所以，神鬼之道，仅属“小亨”。

“利有攸往。”如果把巽顺于鬼神的态度，用到待人接物上，巽顺于众人，必然如风一般无孔不入，上下左右不相抵触，也就没有办不成的事，无往而不利了。

“利见大人。”除了构建良好的人际关系外，还需要一位强有力的主事者，一个团队不可缺了主心骨，否则就是一盘散沙，所以要“利见大人”，请一位德才兼备的“大人”来领导众人。

“重巽以申命。”神明对巫祝下达的旨意是神谕，反映到人事上就是申命，就是上面对下面下达的命令。“重巽”是一阵又一阵的刮风。“申命”是三令五申的宣讲命令。

“刚巽乎中正而志行。”命令出自那位德才兼备的大人，命令一经颁布，必须贯彻执行，不得违背。巽卦和革卦都有申命的意思，巽卦的申命是顺着民情民意，革卦的申命是逆着民情民意。顺着民情民意容易被人接受，逆着民情民意就需要见到成效后方才被人理解。

“柔皆顺乎刚。”百官接到命令，坚决贯彻执行，并向百姓进行宣传解释。百姓听到命令顺从接受。

“随风，巽。君子以申命行事。”“随风，巽”，一阵风随着一阵风地刮个不停。命令也一样，在命令发布之前，要一遍又一遍不厌其烦地向民众解释、申明，期望民众对新颁布的命令有个初步的了解；命令发布之后，还需一遍又一遍不厌其烦地向民众反复重申，期望民众对新令有深入的认识。

在秦汉之前，政治与宗教是一体的。

兑

——喜悦的力量有多大?

有了安身之地，免去旅泊之苦，喜悦之情难以言表，是为兑卦。

“兑，亨。”兑字的图像是咧嘴大笑，表示喜悦的心情。兑卦是泽上泽下，表示连片的沼泽。喜悦和沼泽搁在一起会意，表示什么呢？沼泽是动植物的乐园，给生命带来了喜悦。喜悦体现在人事上，百姓从惠民政策中得到好处，衷心地喜悦。百姓欢喜，自然诸事亨通。

“兑，说也。刚中而柔外，说以利贞。”这一段说的是由衷地喜悦。人的喜悦有真有假。假的喜悦是装出来的，表面上看上去很开心，其实内心全无喜意。真的喜悦是发自内心的，是由内而外的，是自然而然地真情流露。“刚中”是发自内心的，“利贞”不是假装出来的。

“是以顺乎天而应乎人。说以先民，民忘其劳。说以犯难，民忘其死。说之大，民劝矣哉。”喜悦的力量有多大？大到你不敢相信，大到你无法想象，大到翻天覆地，大到扭转乾坤。“顺乎天而应乎人”这句话可不得了，商汤推翻夏朝，武王灭掉殷商，凭的就是这句话。革命成功的决定性因素就是兑卦里的这四个字“说以先民”，事先讨得民众的欢喜，让民众发自内心地喜欢你、拥护你、支持你。那么欢喜又是从何而来呢？就是前面提到的泽民、惠民，让老百姓得到好处，得到实惠，尤其是让他们得到想都不敢想的东西，一辈子也无法企及的东西。不过话又说回来，这种喜悦一定是发自内心的，像那种事先排练好，表演出来的喜悦是毫无用处的。

“丽泽，兑。君子以朋友讲习。”前面介绍了人民的喜悦，接下来说一说学生的喜悦。“丽泽”就是泽与泽连成一片，相互倾注，彼此帮扶，这样泽水既不容易枯竭，也不容易泛滥。这种情况用到学生身上，就是“朋友讲习”。出身同门的是“朋”，志向一致的是“友”。这些学习诗礼的同学聚到一起，以文会友，以友辅仁，彼此交流心得，相互切磋提高，所谓的“同心之言，其臭如兰”“朋自远来，不亦乐乎”。过去的教育非常注重同学之间的横向交流。

要注意兑卦与豫卦的区别。兑卦是喜，偏重心理；豫卦是乐，偏重生理。兑卦的喜是由于得了实惠，如钱财物品等；豫卦的乐是一种体验，是身心的感动，诸如听一首曲子、跳一段舞、欣赏自然风光，以及文化、娱乐、旅游等。

涣
——消灾、散播和解散

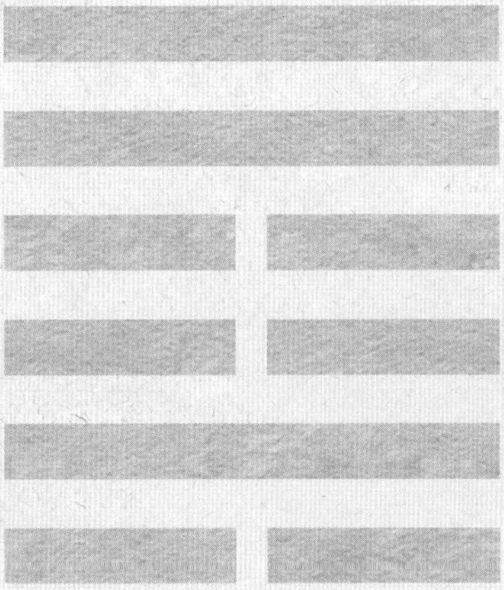

《周易》下半部的主题是家，有缘者住在一起组成一个家庭，然而天下没有不散的宴席，再欢快的曲目也终有谢幕散场的时候，这就是涣卦。聚散无常，只能期待将来有缘再聚了。

“涣”字的画面是水向四方流散，所以有消散、散播和解散的意思。相应的，涣卦也就有三种解释，最常见的解释是危难消散，其次是散播恩典，最后一种是团队解散。

第一种，危难消散。

“涣，亨。”众人有危难，正是英雄大显身手的时候，涣散掉危难，众人因此获得平安。

“王假有庙。”天子散除天下危难之后，告祭于天帝、祖先。大概早在危难来临时，天子便去庙里许愿，请求天帝、祖先的庇护，如今危难解除，天子特来还愿。

“利涉大川。”众人脱离了苦难，对天子感恩戴德，发誓效忠于天子。当此之时，天下哪怕出现再大的困难、再大的危难，也不会有事，因为天子得到了天下人的拥护。

“利贞。”患难见真情，天子扶危济困与天下人结下了深厚的友谊，所以一定要珍惜这段来之不易的鱼水之情，长久地维护下去。

“涣，亨。刚来而不穷，柔得位乎外而上同。王假有庙，王乃在中也。利涉大川，乘木有功也。”救民于危难，离不开威猛“刚”毅的将领，离不开“柔”和智巧的谋士，更离不开智勇双全的天子。天子如舟，百姓如水，水能载舟，亦能覆舟，是载是覆取决于天子的抉择，是予民以喜悦，涣民之危难？还是予民以怨恨，陷民于危难？

“风行水上，涣。先王以享于帝，立庙。”风吹水面，将水吹散，“水”表示危险，水被吹散表示危险解除，所以叫作“涣”。天子消散了众人的危难，告祭于天帝，陈情于祖先。

第二种，散播恩典。

“涣，亨。王假有庙。利涉大川。利贞。”独乐乐不如众乐乐，天子将喜乐与民众分享，民众倍加欢欣，所以“亨”通。天子将喜乐与先祖分享，告祭于祖庙，先祖深感欣慰。天子将喜乐与邻国分享，漂洋过海，涉越大川，邻国投桃报李。喜乐出自内心，必须真诚，所以“利贞”。

“风行水上，涣。先王以享于帝，立庙。”风行于水上，将水吹散，“水”是雨露，雨露向四面散播，泽润着田园沃野，滋润着千家万户，所以叫作“涣”。天子祭祀上天、进献天帝、设立祖庙、祭祀祖先，天子借助宗教与孝道的力量劝导百姓，这才是对百姓最大的恩泽。子曰：“明乎郊社之礼，禘尝之义，治国其如示诸掌乎。”

第三种，团队解散。

根据占卜经验，涣卦多属此类，风吹云散，团队解散，水珠各奔前程。

节

——节制

齐家治国也好，修身养性也罢，都有一个度，要求人们有所节制，或以礼来节制，或以戒来节制，或以律法来节制，或以命令来节制，或以制度来节制。没有规矩，不成方圆，是为节卦。

节字，竹与即会意，竹子有节，即是吃饭，合起来的意思是节制饮食。

“节，亨。”不仅饮食要有节制，做任何事都要有节制，要有一个度、一个量的限制，所以节卦就是限制、节制。限制体现在我们日常生活中的方方面面：例如，饭量的限制，不暴饮暴食；说话的限制，不信口开河；行住坐卧的限制，不久行、不久住、不久坐、不久卧，因为久了会伤气血；作息的限制，不晚睡不晚起，因为晚睡晚起会伤阳气……说白了，限制就是给自己的行为设置一个不许越过的红杠，养成一个健康良好的生活工作习惯。事实证明，这些限制是好的、是科学的，是经过了几千年的人类实践证明过的，人们只要遵守就得“亨”通，所以叫“节，亨”，当然了，如果不遵守也没关系，就是遭些罪罢了。

“刚柔分而刚得中，苦节不可贞，其道穷也。”限制是有讲究的，不是什么限制都好，限制的前提是调配适中、“刚柔”并济，过“刚”不行，过“柔”也不行，尤其是过度的限制往往会起相反的效果，令人苦不堪言，这就大大地违背了设限时的初心。例如，为减肥而过度节食，得了厌食症，患了胃出血，这就是“苦节”的典型例子，所以“苦节不可贞，其道穷也”。

“说以行险。当位以节。中正以通。”若想限制适当需要把握住三点：第一点，“说以行险”，心情一定要愉“悦”，心情好了连危“险”都能克服，更何况小小的限制，完全不在话下；第二点，“当位”，“当位”涵盖了当时，也就是要特别注意时效性，“当位”是地域性的；第三点，“中正以通”，“中正”是适中，是恰到好处，恰到好处才容易被人接受，“通”是通过和接受，如果过偏了就是“苦节”，“苦节”就不易接受。

“天地节而四时成。节以制度，不伤财，不害民。”天地也有自己的限制：天上的日月星辰每天运行的度数都是固定的，于是才有了年、月、日、辰；地上相应的分化出了春夏秋冬、二十四节气、七十二候的变化。由此可见，天地的限制是可以观察到的，是可以测量的，是有确切尺度的，所以叫“制度”。“制度”一词是从天文测量中得出的，是对限制的量化处理。以节饮食为例，少吃是限制，每顿不得多于一个馒头就属于“制度”了。限制的量化规定就是“制度”。例如过去封邑的城墙高是有尺度限制的，由邑主人的品级高下来定，天子的城墙最高，公侯次之，大夫最低；再比如过去乘坐的马车，天子六马，诸侯五马，公卿四马，大夫三马，数量都是定死的，不可随便逾越，这就是那个时代的礼法“制度”。不光是城墙高度和马匹数量，乃至于歌舞的人数、使用的乐器、服装的颜色、送礼的礼品等也全部有具体的规定，可以说礼法“制度”已经融入社会的每一个角落。有了礼法“制度”，人就被分成了三六九等，就有了贵贱等级的差别。“制度”与礼制相互关联，至于两者间的差别，可以比对一下节卦和履卦。圣人创立“制度”，推行礼法，最初的发心不是为了划分人的高低贵贱，而是为了节制贵族的野心，希望用数量死死地限制住贵族的贪婪。只有贵族的贪心被限制住了，圈定在一定范围不再无休止地膨胀，就不至于过分地劳民伤财，民众才会得到一份相对宽松稳定的生活，例如周朝的井田制就是这一类的产物。归根结底，用现在的话说，“制度”就是从分配的层面来解决贫富差异的问题，最大限度地限制统治阶级的剥削，所以孔子给出了一个标准“不伤财，不害民”。可以说，东西方的圣贤都在为解决贫富差异问题而绞尽脑汁，提出各种解决办法，不论是中国的礼法制度，还是在西方萌芽的共产主义，都试图从制度上解决问题，从量化上化解矛盾。但令人啼笑皆非的是，不管中西方的圣贤如何拼命努力，贫富分化依然无解，而且到了今天，差距反而越加悬殊，君不见全球百分之一的人握有全球百分八十二的财富，面对这一令人尴尬的数据，身为凡夫俗子的我们又能奈之何？

现代人对礼法制度是相当反感的，认为是封建的、腐朽的、落后的东西，这应该是一场误会的解读，未免有些片面了。平心而论，礼制相对于当今的时代确实是过时了，但是不能因此就完全抹杀其价值，礼乐制度依然有其不可替代的千秋功用，正等待着人们去探索发掘。

“泽上有水，节。君子以制数度，议德行。”“泽”是湖泊沼泽，湖泊沼泽有大有小，大泽的容量大盛水多，小泽的容量小盛水少。每个泽的容量都是确定的，所以必须根据其容量的大小来限制存水量，如果存水量限制得好就不会出差错，如果限制不好，存水过多就会溢出导致决堤泛滥，存水过少就会蒸干造成干涸枯竭。根据库容的大小来确定存水量就是此处的“制数度”，有了“制数度”才能形成“制度”。那么什么是“议德行”呢？说白了就是用人制度，先是考察衡量这个人的才能大小和德行高低，才大德高的容量大，可以做大官，才小德低的容量小，只能做小官。

另外，节卦还可以看作是调节器。“泽”是湖泊沼泽，“水”是江河，湖泊、沼泽是江河的调节器，这就叫“泽上有水，节”。雨水多的时候，江河里突然暴涨的水涌进湖泊、沼泽，令江河不至于泛滥；雨水少的时候，湖泊、沼泽的水反哺江河，令江河不至于枯竭。水库则是人工建造的泽，是人工的调节器。世间的调节器有很多种形式，湖泽是江河的调节器，粮仓是灾年的调节器，金融是经济的调节器，心脏是血液的调节器，宗教文化是人类情绪的调节器。

中孚

——信任

六十四卦讲了六十四个道理，读者了解后一定要尝试着去实践，一卦一卦地验证。真做到了，有了实际体会，才能真信，才能真的理解。所以归结以中孚卦，中是做到，孚是确信。

在说明中孚卦之前，先了解一下动物的信。

“孚”字，爪下是个子，意思是孵蛋。鸟在孵蛋时一动不动，全部心思放在蛋上，坚信自己一定能够孵出下一代，所以“孚”字的本义是自信。

豚鱼（河豚），也叫江猪或江豚。有一个典故叫“江豚拜风”。据长江边的渔民说，每当大风要起时，成群的江豚顶风出水，频频点头，渔民认为这是江豚在向他们报信，起大风了，不要出船。“江豚拜风”是信他。

“中孚，豚鱼，吉。”鸟和豚鱼尚且守信，何况是人。人立于世靠的是一个信字，自信、信他，也就是相信自己、相信他人，这是一个人立世的根本，只有做到了才“吉”。

“中孚，柔在内而刚得中。”“柔在内”是信他，相信他人，对他人要柔和，不抱成见，虚怀若谷，想对方所想，思对方所思，感对方所感，理解对方，体谅对方，如此才能够相知相感，相互接纳，相互信任。“刚得中”是自信，一诺千金，承诺的事一定兑现，用自己的果决行动来展现自己的诚意，不玩弄嘴皮子只说不做。

“说而巽。”做到了自信、信他，人与人之间才能建立起牢固的信任关系。“说”，有了信任，彼此之间心生欢喜。“巽”，有了信任，对方说什么都听得进去，对方做什么都看着顺眼。

“孚乃化邦也。”是把自信和信任他人扩展至团队、国家，组建一个信誉至上的团队，建立一个信用至上的国家，将个人的信用进行量化处理，用制度来保障信誉，构建一个诚信的社会。

“豚鱼吉，信及豚鱼也。”信的力量不可思议，人能守信，动物都会被感动，所以“信及豚鱼”。像家中养猫、养狗、养鱼、养鸟的人都有过这类的体会，宠物对主人的信任程度似乎远超人类。

“利涉大川，乘木舟虚也。”信的力量不可思议，人能守信，就没有克服不了的困难，可以冒风险做大事。木舟得力于内部的空虚，守信得力于胸怀的虚旷。

“中孚以利贞，乃应乎天也。”信的力量不可思议，人能守信，能够感动上苍，与天合道。天道最讲信用，每天运行多少度都是固定的，冬去春来，日出月落，既守时守点，又精准无误。

“鸣鹤在阴，其子和之。我有好爵，吾与尔靡之”，这是中孚卦九二爻的一句话，为我们展示了两类信任关系。一类是亲情之间的信任，血浓于水的亲情，哪怕是远在千里之外也能感应得到，所以“鸣鹤在阴，其子和之”，母鹤在暗处一呼，远处的子鹤赶紧答应。一种是利益之间的信任，共同的利益把两个没有血缘关系的人紧密地联系在一起，“我有好爵，吾与尔靡之”，我有好酒，与你共同分享。世间最粗浅最直接的信任是亲情与利益，通过亲情与利益这座桥梁构筑起彼此之间的信任。

在亲情与利益之上，还有更高一级的信任，那就是共同的信仰与理想。

“泽上有风，中孚。君子以议狱缓死。”风吹泽水，润及万物，恩泽遍及每一个角落，所以叫“中孚”。人世间也要信用广布，哪怕是对罪犯也不可缺失，所以在审讯罪犯时如果证据不足，存在着诸多疑点，轻犯不予处罚，死罪予以缓判。

有感才有信，感应与信任是一体的两面，所以咸卦与中孚卦最好参合研究。

小过

——小有过分

在体验的过程中，允许出现小小的偏差，稍微过那么一点点也没有关系，不可能事事都做到准确无误、可丁可卯，是为小过卦。

“小过”不是小过失，“小过”的过与大过的过意思是一样的，是过甚、过分、过头。

“小过，小者过而亨也。”“小”是小事，在小事上使用“过”甚的手段，取得亨通的效果。例如，得了点小病，打打针、吃吃药病就好了，虽然打针吃药不可避免地有点儿不良反应，有一点点过甚，但是以毒攻毒，病治好了，所以叫“小者过而亨也”。再如，用稍显过分的恭敬来医治傲慢，用稍显过分的节俭来医治奢侈，虽然过了那么一点点，但效果还蛮不错。再例如，孩子的一些小毛病，呵斥一下，甚至稍加以体罚，让他改过来，虽说是否合理有待商榷，但也不失为是种有效的办法。

“过以利贞，与时行也。”问题解决了，过甚的方法就要马上停止。病好了就不再打针吃药，所以小过与大过一样，是有时效性的。例如，孩子的小毛病已经改了，这时大人们还有事没事地随便呵斥，抬手就打孩子，那显然就不对了。

“柔得中，是以小事吉也。刚失位而不中，是以不可大事也。”这一段说的是小过卦为什么只适合小事不适合大事，小过卦的二、五爻都是阴爻，“柔得中”，以阴柔为主，阴柔者只可做小事，不宜做大事。大过卦刚好相反，二、五爻都是阳爻，刚得中，以阳刚为主，阳刚者方可成大事。另外，小过卦里仅有的两个阳爻，一个“失位”，一个“不中”，“不中”的被边缘化，“失位”的被大材小用，两个有本事的都不主事，所以难以成大事。

“有飞鸟之象焉。”小过卦整体像是一只飞鸟，三、四两个阳爻在中间像是身体，上下的阴爻在两侧像是一对展开的翅膀。

“飞鸟遗之音，不宜上，宜下，大吉。上逆而下顺也。”前面说了，小过卦只可做小事，不可做大事。鸟向上飞比喻志向高远，图谋大事，必然是凶险无疑，所以“不宜上”；鸟向下飞比喻注重现实，安心小事，如此才能大吉，所以“宜下”。向“上”图谋大事是“逆”，向“下”安心小事是“顺”。

“山上有雷，小过。君子以行过乎恭，丧过乎哀，用过乎俭。”山上有雷，雷声被高山阻隔，威力无法远播，这是“小过”的卦象。既然威力无法远播，不如静等雷声返回，震动自己。怎么震动呢？闻雷声而恐惧，因恐惧而反省，因反省而自新，所以既然震动不了别人，那就不如反过来震动自己吧，彻底地改变自己。如何改变呢？用稍显过分的恭敬来对治自己的傲慢，用稍显过分的哀戚来对治居丧时的松懈，用稍显过分的节俭来对治自己的奢侈。因雷震而反省可参看震卦。

既济

——全部成功

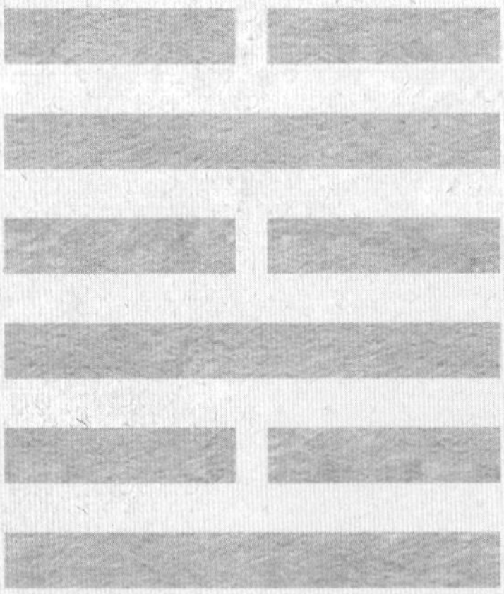

文章写到最后，就该圆满结束了，总算是完成了、成功了，所以叫既济卦。做成一件事就叫既济。既济就是安全地渡过河流，成功抵达彼岸，抵达彼岸在梵语里叫波罗蜜。由此可见，古今中外的文化是共通的。波罗蜜与既济的意思完全一致，是不是释迦牟尼曾经读过《易经》，顺便借鉴一下？毕竟《易经》比释迦牟尼早出现了四五百年，这种可能性也并非不存在哦。

先从字面上看既济，既是完成，济是齐心协力地渡河，合起来就是全部渡河成功。

“既济，亨，小者亨也。”既济卦有三个要点，一是直面困难，二是团结合作，三是共同成功。面对困难，需要众人团结合作，攻坚克难，然后共同取得成功，所以“亨”通。“小者亨”，“小”是团队里的小角色，连小角色都成功了，更不用说那些个大人物。

“利贞，刚柔正而位当也。”成功不仅需要众人的齐心协力，相互配合，还需要“正而位当”。首先是“位当”，“位”是位置，“当”是适当，也就是说每个人都安置在适合自己的位置上，发挥出各自的潜力和才能；其次是“正”，“正”是态度，态度要“正”，热爱本职工作，积极热情，只有这样才能激发起每个人的积极性、创造性。

“初吉，柔得中也。”“初”是初始。一个团队在开始的时候实力是相当微弱的，会碰到各种各样困难，遇到各种各样问题，片刻不得安宁，然而越是这种时候，人们越要小心谨慎、仔细抉择、慎重处理，然后克服重重困难、解决种种问题，直至成功。所以初始时的内忧外患其实是一件好事、“吉”事，借用孟子的话说就是“生于忧患”。

“终止则乱，其道穷也。”“终”是成功。团队取得成功后，具备了相当的实力，有了雄厚的资本，一切问题似乎都不在话下，团队看似呼风唤雨，无所不能，然而，恰恰是在这个时候人们最容易疏忽大意，放松警惕，也许忽然有一天，意想不到的祸“乱”突然发生，使情况瞬间恶化。这种情况就是孟子说的“死于安乐”，所以成功之后一定不能麻痹大意，淹死的都是会水的，跌倒的都是在平地上。

“水在火上，既济。君子以思患而豫防之。”水在火上是烹饪之象，水火调配适当，是既济的卦象。这个烹饪的卦象其实是在隐隐地暗示人们在成功的里面已然蕴含着失败的因素。例如，火如果过旺会把锅里的水熬干，水如果溢出会把炉中的火浇灭。所以在成功之后，一定不能放松警惕，要随时注意调整。

未济

——失败

有成功就有失败,《易经》的作者把失败放在最后一卦,这就非常有意思了。《易经》作者想要表达什么呢?是人类永远到不了成功的那一天?还是一切永远得不出结论?还是人的生命永远没有终了?还是天地浩瀚的无边无际?还是宇宙亘古的无始无终?

未济与既济相反,既济是渡河成功,未济是渡河失败。

"未济,亨。"失败了所以亨通。这句话乍听起来觉得逻辑上有问题,说不通,怎么失败了还亨通?是怎么回事?其实,《易经》作者并没有故弄玄虚,也没有犯逻辑上的错误,而是在告诉人们一个事实:失败未必就是一件坏事。因为每个人的一生当中都会碰到这样或那样的失败,失败就像喝水一样,是一件再普通不过的事,所以失败了并不可怕,可怕的是因此丢失了信心。只要信心不灭,不断地从失败中总结经验教训,加以改正,没准就会因此获得成功。失败是成功之母,未济是既济之因,所以"未济,亨"。

"未济,亨,柔得中也。"这一句点出了失败的根由,领导者过于"柔"弱无能。带领众人共济险难,必须要有一位坚强有力的领导,如果领导者过于"柔",不够坚强,没有魄力,优柔寡断,就一定会坏事,所谓的将怂怂一窝。

“小狐汔济，未出中也。濡其尾，无攸利，不续终也。”小狐狸比喻柔弱无能的领导。在这种软弱无能的领导带领下，涉险就像是小狐狸过大江大河，绝对是有去无回。小狐狸是渡不过大江大河的，充其量只能过一些浅水小溪，尽管如此，小狐狸依然有失败的可能。狐狸涉水最要紧的是尾巴，必须时刻竖起，不能湿。一旦尾巴湿了，狐狸就会被自己的湿尾拽进水里淹死，所以叫“濡其尾”。“无攸利，不续终”，掉进水里淹死，彻底失败，当然不会有什么利益，更不会有什么结果。

“虽不当位，刚柔应也。”未济卦也不是一无是处，因为全卦刚柔相应，这说明整个集体还是团结的，还是积极向上的。“不当位”，这个“不当位”不仅仅是领导者不当位，从上到下各级各层都不当位。

“火在水上，未济；君子以慎辨物居方。”这一句再一次地强调位置的重要。火在水上是未济，火在水下是既济，这说明什么？说明只需要把水与火的位置对调一下，位置一变，“不当位”就变成了“位当”，失败就转变为成功。所以首先需要谨慎地辨别人物的格局大小，能力的优劣高低，然后为其配置合适的位置。“方”是方位、位置、职位。

只要找对了位置，每个人都能获得成功，这就是未济卦带给人们的启示。

写在最后：

有关君子与国家的畅想

《周易》上半部的三十卦，贯穿一个“国”字，下半部的三十四卦，贯穿一个“家”字，连起来就是国家。

孔子在每一卦的后面都引用君子来进行评论，例如，乾卦，君子以自强不息；坤卦，君子以厚德载物；屯卦，君子以经纶……未济卦，君子以慎辨物居方。孔子笔下的君子到底是什么呢？是好人吗？当然不是，孔子所说的君子其实就是国君。一国之君，用现在的的话说就是总统、首相。在孔子那个年代，在夏、商、周时期，君子基本还是个国君的专用名词，是与臣相对的，还没有演变成后来的“谦谦君子”之意。等到君子及小人的意思一出来，其国君的含义便慢慢地消失了。这个问题很严重，如果不明确，人们很容易错解《周易》，误解了孔子的意思。如果从国君的角度解读“自强不息”“厚德载物”“经纶”，那就别有一番滋味了——我是这个封邑的国君，封邑里的土地、人民、士大夫，甚至一草一木、一禽一兽都归属于我，我就是他们的天，我要像天一样时刻地关注他们，忘记了休息；我就是他们的地，我要像地一样承载着他们，养育着他们；我就是他们的领导，我要像理出蚕丝的头绪一样处理着各种繁杂的公务。你看这样一解读，就变成另外一种意思了。

不仅那时的君子是国君，国和邑这两个字也是通用的，国就是邑，邑就是国，只是后来经过法家的变法以及分封制度而土崩瓦解，邑的国家含义才逐渐地褪色消失。那么，君子是什么呢？是封邑里的首领。例如，秦王将商邑赐给了卫鞅，卫鞅就成了商邑的国君，人们从此尊称他商君，他传下来的著作也起名叫《商君书》，甚至连姓氏也给改了，改成商鞅了。

作为封邑里的一国之君，所要关注处理的大事不外乎两件：一件是封邑，也就是国；一件是宗族，也就是家。当然这个家不是现在我们理解的三口之家，而是一个庞大的世系宗族。所以家国并称，由来自此。基于这个缘由，我尝试着用“国”串联《周易》的上半部，用“家”串联《周易》下半部，虽说有些牵强，但也不失为一种全新的解读。

我读《周易》时注意到一个问题，孔子记性那么好，过目成诵，为何还要整天抱着《易经》看来看去，而且还韦编三绝，把《易经》给翻烂了？

不妨猜猜看，答案其实就是本书的题目。

对了，就是会意，就是会意思维，会意思维也就是禅宗的参。没错，孔子是在参禅。孔子手里捧着竹简，脑海里浮现出卦名、卦象、卦辞、爻辞，同时还浮现出五十余年的人生经历，两相比较，相互印证，时有体会，时有感悟，然后孔子把这些当下的体悟随笔记录下来，最后予以汇总，于是就写出了他这一生中唯一的一篇由他自己创作的文章。是的，孔子一生只写了一篇文章，那就是《周易》的《十翼》。

我写这本书，也想依葫芦画瓢，仿效孔子他老人家的办法，悟一卦写一卦，我虽然没有他老人家那么丰富的人生阅历，但我有三十年的卜卦经验，对六十四卦已经积累了一定的认知。

会意是参，会意是悟，会意是禅，这是我学习《周易》、学习汉字、学习传统文化的最大体悟。我用会意解读六十四卦，希望以此抛砖引玉，引起国人的重视，希望国人能够回过头来重新审视自己的文化。我们抛弃了六书，抛弃了自己五千年的教学传统，到底值不值得？我们生搬硬套，套用英文的语法，来重新定义我们的语文教学，到底是好还是不好？这些都是值得思考的事情。